OAHU
HAWAIIAN ISLANDS
Kawela Bay
Kahu
Pupukea-Paumalu
Forest Reserve
Haleiwa
Mokuleia
Forest Reserve
Makua Kea'au
Forest Reserve
Schofield Barracks
Forest Reserve
Wahiawa
Oahu Forest N
Wildlife Refug
Mililani
Waianae
Pearl Ci
Honokai Hale
Kapolei
Ewa Beach
Mamala

ホ・オポノポノ ジャーニー

ほんとうの自分を生きる旅

平良アイリーン
監修＝イハレアカラ・ヒューレン、KR

講談社

ホ・オポノポノで私達は
バランスを取り戻します。
毎瞬毎瞬のクリーニングによって、
内なる争いから自由を手に入れたとき、
現れる世界、それが私達に
もともと与えられた、いのちの姿です。

KRさんがクリーニングを通して出会った、土地面積1650エーカーのホオマウ牧場。

上:KRさんの運転で「KAWASAKI」に乗って。中古で購入したバギーにKRさんはそれぞれ名前をつけています。
下:KRさんの娘ケアラさんと夏休み中の孫達と。昼から夜まで、動物の世話をする生活に子供達は夢中です。

Photograph ©Chiho Ushio

平和に戻るのです
バファローがうろつく野原では
今にもサボテンが花を咲かせようとしている
たとえ砂漠のようで、何も創造されないように感じても
山、川、谷、この世界に感謝します
いのちは続き、時が流れている
そこには豊かな水があふれ
無から鳥はさえずり
木と山は、岩や石、ミネラルとともに
鼓動を響かせている
わたしたちは安全な木
『わたし』の始まりは全てのいのちを
家、大いなる自然、ディヴィニティーへと導いてくれる道

光が照らし、それぞれにとって完璧な道を知らせている
この道は、光の道、正しい道
『わたし』の道

外にいろいろな問題があるように見えても、大いなる自然とあなた自身、このつながり、それしかないのです。あなたという存在に外側はありません。

自分の真のアイデンティティーを知ることで、他の人間はもちろん、空や海の波しぶき、植物や動物、鉱物、土地、原子、分子とも交流ができます。つまり、あなたに隠された秘密なんて、この宇宙には何もないのです。

――一九八九年四月十一日　ハワイ州下院委員会議
演者　ハワイ人間州宝　カフナ・モーナ・ナラマク・シメオナ講演内容から抜粋――

モーナ・ナラマク・シメオナ

（一九一三〜一九九二）

ネイティブ・ハワイアンの両親のもと、一九一三年、オアフ島にて誕生。母親のリリア・シメオナは、ハワイ王朝最後のカフナ（ネイティブ・ハワイアンの伝統的高度医療専門家）として知られる。モーナ自身も三歳のときにその特性を認められ、カフナの称号を得る。言葉によるヒーリングと、ロミロミの元となったハワイの伝統医療によって、幼い頃からヒーラーとして活動を始める。

オアフ島、ザ・カハラ・ホテル&リゾートとロイヤルハワイアンホテルにスパを所有し、そこを拠点に、世界中から多くのクライアントが当時からモーナのもとを訪れていた。著名なクライアントとして、第三十六代アメリカ合衆国大統領リンドン・ジョンソン、第三十五代アメリカ合衆国大統領夫人ジャクリーン・ケネディ・オナシス、プロゴルファーのアーノルド・パーマーなどが、公式にその訪問を続けていた。

一九七六年に啓示を受け、古代ハワイの問題解決法である、ホ・オポノポノを、現代社会に生きる人々に合った、シンプルで効果的なやり方にしたセルフ・アイデンティティー・スルー・ホ・オポノポノ（SITH 解説は三四四ページ参照）へと発展させていった。

モーナはSITHを、このように紹介している。

ホ・オポノポノとは何でしょうか？　それは、間違いを正す――すなわち、本来の自分の完璧なバランスを取り戻すプロセスです。わたしがお話しさせていただく、現代版ホ・オポノポノは、ストレスを感じる人間関係や状況を正すことに関心のある人なら、誰にでも役に立つものです。ホ・オポノポノはクリーニング（浄

化）と解放と変容によって、真のアイデンティティーを見出す方法ですが、真のアイデンティティーを見出すことができると、自己と他者の関係を理解できるだけでなく、生きとし生けるものから無生物にいたるまで、あらゆる事物の創造の神秘について、細部にわたり、はっきり理解することができます。

万物は真のアイデンティティーを見出すことにより、解放されるのです。真のアイデンティティーを見出せば、自分の内と外に存在するアンバランスな感情・波動を、ストレスを感じることなく放出し、解放し、変容を遂げさせることができます。ホ・オポノポノを通して見出す真の自己が、自身の内にある宇宙やマインドの扉を開くのです。

クリーニングして、見出しましょう。自分自身のため、幸福、愛、豊かな今日と明日のために……。

このSITHホ・オポノポノ（解説は三四四ページ参照）を通して、モーナはハワイに留《とど》まらず、アメリカ本土、ヨーロッパ、日本、ロシアなど十四ヵ国で講演活動を続けた。

一九八三年、その活動を賞賛され、ハワイ人間州宝として認められる。ハワイ州立大学、ジョンズ・ホプキンズ大学など、米国内の大学を始め、国連では特別名誉ゲストとして幾度にもわたって、「真のアイデンティティー」について講演を行う。

一九九二年、初のハワイアン先住民系選出のアメリカ連邦上院議員であるダニエル・カヒキナ・アカカ氏の依頼を受けて、ワシントンDCの国会議事堂のドーム上に立つ自由の女神像の周知と補修に貢献した。

そのオリジナルの石膏像は、現在、国会議事堂の資料館に展示され、その功績が讃《たた》えられている。

同年、講演で訪れていたドイツ・ミュンヘン郊外の友人宅にて、ベッドに横になりながら、静かに息を引き取る。

本書について

ＳＩＴＨホ・オポノポノという、ちょっと不思議な問題解決法に出会って八年になる。はじめは、「ありがとう、ごめんなさい、許してください、愛しています」という四つの言葉を唱えることで、わたしがどう変化しているのか、潜在意識の内側から記憶が消去されると、問題がどう解決されているかなんて、全くわからなかった。

でも、続けていくうちに、わたしの家族は輝くような笑顔を取り戻し、わたしも人間関係、恋愛、仕事など、より自分らしく、のびのびとしている時間が増えている。

たまに汗をかかないとなんだか気持ちが悪いように、クリーニングすることは、だんだんと日課になりつつある。しかし、人生で自分にとって大きな決断をしなくてはいけないとき、例えば、結婚や離婚、就職や転職、引っ越し、大きな喧嘩や鬱《うつ》、お金の問題。それらが自分の前や自分の大切な人の前に現れるとき、不思議とわたしはホ・オポノポノのことなんてまるで忘れてしまい、周りの人からのアドバイスを得ることに必死になり、争い、比較し、嘘をつき、自信を失ってしまう。ＳＩＴＨホ・オポノポノの継承者であり、世界に広めた第一人者であるイハレアカラ・ヒューレン博士はあるとき、私にこんなことを言った。

「スピリチュアルとは、決して不気味なものではないよ。普段の生活や今までの仕事、人間関係、考えをすべて捨てて生きるということではないんだよ。

ＳＩＴＨホ・オポノポノを導きだしたモーナは、もちろんそのたぐいまれな才能をヒーラーとして讃えられ、この問題解決法を広めることになった素晴らしい人だ。一緒にいて、ほんとうに不思議なこともたくさんあった。そんな彼女に魅せられて、わたしもいつの間にかこのこと（ＳＩＴＨホ・オポノポノ）を生涯、生きることになったうちの一人でもある。

でもね、忘れちゃいけないのは、彼女はあくまでも、一人の女性だったということだよ。君と同じように、地球に生き、コミュニティーの中で人間関係があり、家族がいて、問題が起きて、食事をし、歯を磨き、寝たり、寝られなかったりして、一日一日を生きた人間だ。

その中で、彼女がホ・オポノポノを通して、自由を創作しながら、ほんとうの自分を取り戻して、あらゆる可能性を広げたことが、奇跡だと言われた。

でも、彼女は繰り返し言っていた。あらゆる人間、すべての存在が本来、それができるように生まれている。どんな問題があろうと、それに取り組み、変化していくことは可能だと」


わたしは、その話を聞いて以来、故モーナ・ナラマク・シメオナにふと思いを馳《は》せることがある。もちろん、すでに亡くなっている彼女に会ったことはないが、古代ホ・オポノポノを老若男女、国籍や宗教を問わず、誰でもどこでも実践できるようにしたモーナさんに会ってみたい、彼女だったら、こういうとき、どうするの？　どんなふうにクリーニングするんだろう？　そう思うことがなぜか時々ある。

いつかわたしがそれを、ヒューレン博士に何気なく言ったことを、博士は覚えてくれていたようだ。博士はあるときこんなメールをくれた。

「次にあなたがハワイを訪れることがあれば、是非、『彼ら』に会ってみるといい。わたしがモーナのもとでSITHホ・オポノポノを学んでいた時期、彼らはいつもそこにいた。今モーナは、肉体から自由です。でも、あなたは彼らから、あなたの『たましい』が知りたいモーナのエッセンスを、見て、聞くことができる。私達はみなモーナが導きだした、セルフ・アイデンティティー・スルー・ホ・オポノポノをこの瞬間も生きている同志だからね」

セルフ・アイデンティティー・スルー・ホ・オポノポノ。それは、問題から解放され、自分らしく生きるためのメソッド。世界中で静かに広まっている生き方とも言える。それを編み出し、広めた故モーナの教えを、本やブログに書くこともなく、ただただ自分の日々の生活の中でコツコツと実践し続けてきた人たちがいる。

彼らはハワイで静かに暮らしている。日々の半分を瞑想して過ごしているわけでもなければ、年齢もバックグラウンドも趣味嗜好もみな様々。職業を持ち、妻や夫、父母として日々過ごす中で、そのＳＩＴＨホ・オポノポノというメソッドを人生の道しるべとして何十年も歩き続けてきた人たちだ。

彼らがどんなふうにホ・オポノポノと一緒に人生を歩んできたのか、クリーニングを続けるとはどんなことなのか、彼らの話を聞かせてもらいに、わたしはハワイへ旅立った。

この本は彼らが、誤解を恐れず、ありのままに、彼らの体験を、その叡智《えいち》をシェアしてくれたものをまとめたものです。

ホ・オポノポノジャーニー　ほんとうの自分を生きる旅　目次

オアフ編……27

Ho' oponopono Journey
OAHU
オアフ編

はじまり

すでに消灯され、暗くなった飛行機の窓の外では、漆黒《しっこく》の空に雲が広がっている。星は見えないか、と探しているうちに、以前ハワイ島のホ・オポノポノのクラスでお会いしたパトリシア・レオラニ・ヒルさんというホ・オポノポノ講師のことを突然思い出した。レオラニ（天国からの声）という名を持つその女性は、モーナのワシントンＤＣでの晩年をともに過ごした。クラスが開催されていたホテルのロビーで、ある晩、ひょんな流れから一緒にお茶を飲む機会をいただいた。吹き抜けのロビーは外とつながっていて、雲一つない夜空には星が銀色に煌《きら》めいていた。

「ハワイで生まれたモーナは、ほんの小さな頃から星を読むことができました。誰に教えてもらったわけでもないけれど、星の位置からメッセージを読む練習をしているうちに、白い魔術と黒い魔術を読み分けることもできるようになったそうです。ハワイでは霊的な技術を使って、人や土地を癒す、カフナと呼ばれる人がたくさんいて、ハワイ王朝では、それを正式に認めていたの。でも、その中には、よくないバイブレーションを使って、人や土地を操る人間、そして、そういう土地があった。その働きをモーナは感じることができたのです。

でも、幼いモーナは、その底なしの暗さが怖くて、無意識に頭の中で何かを感じるときにシャッターをおろすようになったそうです。そうしているうちに、ある日、からだの中から、そして外に見えている土地からも、絶え間ない振動を感じるようになりました。それはどうシャッターをおろしてみても、やむことはなく、リズムを持ったものでした。仕方なく、そのリズムを観察してみることにした幼いモーナは、それがメッセージであるということに気がついたのです。

『なんでそんなことをするの？　わたしはあなたをすべてが見えるように創造したんだよ。同時に、あなたにそれを受け入れられる叡智も託したんだよ』

それはディヴィニティー（神聖なる存在　三四四ページ参照）からのメッセージでし

た。それを聞いて以来、モーナはシャッターをおろすことをやめたそうです。どんなに黒いものを見ても、それを浄化する方法がわかったモーナは、そのときまだ三歳という幼さであったにもかかわらず、その能力を自分自身に、そして自然や土地、人にも適応させ、癒す、すなわちカフナの仕事をスタートさせたのです」

パトリシアさんは、歌うように、そして素晴らしい発音で、それを誰に聞かせるでもなく、話してくれた。そして、真剣に聞き入っていたわたしに、こう尋ねた。

「あなたもシャッターをおろすことってない？　自分の中や外に、いやなものを見つけると、目をそむけたくなったり、または誰かのせいにしてみたり。でも、ディヴィニティーは、あなたが対応できるものをきちんと見せてくれているのよね。私達はホ・オポノポノという、とっておきの道具で、それを乗り越えられるのよね」

パトリシアさんとのそんなやりとりを思い出し、もう一度窓の外を眺めた。わたしも試しに、星の位置から何かメッセージを読み取ろうとしてみたが、読み取るどころか、窓の外には星一つ見つからず、気がつけばただ眉間にしわが寄っていた。なので、代わりに明日から始まるハワイでの旅に向けた興奮をクリーニングすることにした。

オアフ島のホノルル空港に着いてメールを開くと、早速ヒューレン博士からメールが届いていた。

HAWAII（ハワイイ）、この言葉そのものがクリーニングツールなんだよ。
HA　いのちの息吹
WAI　神聖なる水
I　ディヴィニティー
つまり、ディヴィニティーの息吹と水のことなんだ。なぜ、ホ・オポノポノがハワイの地で生まれたのか知っていますか？　それは、水、風、土、そのエレメントに直接アクセスできる土地だから。そのエレメントは、あなたの中に、もともとあるものなんだ。日本にいても、どこにいてもだよ。
それに気づく旅になりますように。

ハワイの何が好きかって、外に出た瞬間、ふわっと感じる柔らかい風だ。都会のワイキキを歩いていても、ビーチに寝転んでいても、たとえレインフォレストの中にいても、その柔らかい、まるで生き物のような風が、どこからともなくやってくる。

荷物受け取り場（バッゲージクレイム）に流れてきた自分のスーツケースを見つけ、建物の外に出ると、そこにはやっぱり、風があった。ふわりと大きな手のひらで全身を優しくなでられたような幸せな気持ちになる。

なんとも言えないこの感覚を、日常で感じることは正直言ってあまりない。でも、これがもしも自分の中にもともとあるのだとしたら、わたし自身がその一部であるとしたら……。

自分のことが少し愛おしくなった。

ハワイカイ住宅地の中庭にて、マラマさん。気持ちの良いそよ風が吹いている。

新居の庭に立つ、
カリンさん。

外にはないの。
あなたの内側をお掃除することが大切。

下:ナカサト夫妻のカラマ渓谷にあるご自宅。光がふりそそぐダイニングルームの天窓。
大切にケアされ、家中に置かれている世界中の置物たち自身が、家全体をより一層
明るく、そして清潔に保っているようだった。

インタビュー終了後、ジョナサンさんの手作りイカダでサンセットクルーズ。
上:左からポーラさん、著者、マラマさん。
下:ジョナサンさんと愛犬のポノ。

ダイアモンドヘッドが見渡せるお庭。結婚生活、子育て、家探し、仕事。ホ・オポノポノを通して、自分を取り戻しながら地道に生きてきたという二人には笑顔が絶えない。

コンドミニアム到着

ワイキキビーチにほど近いコンドミニアムに着いたときには、すでに夜八時を過ぎていた。別棟のオフィスビルで鍵を受け取り、いくつか書類にサインし、まるで業務をこなすようにして、気づいたときには部屋の前についていた。

鍵を開けるとき、ヒューレン博士と以前こんなことがあったのを思い出した。

日本のクラスを開催するときは、博士が宿泊するホテルの情報をあらかじめ、博士に送るようにしている。前もってクリーニングすることを博士は大切にしているからだ。すでに何度か宿泊しているそのホテルで、私達はチェックインを済ませ、わたしはスーツケースを部屋まで運ぶのを手伝うことにした。エレベーターの中で博士は、渡されたカードキーを静かに見つめていた。

部屋に着き、わたしがそそくさと博士からカードキーを受け取り、センサーに当てようとしたとき、「クリーニングした?」と聞かれた。

「部屋もわたしも、意識を持っている。本来、私達が無断で立ち入れる場所なんてどこにもないんだよ。わたしは自分の荷物をできるだけクリーニングして、相手の存在を認めることで、お互い、そこでともに過ごすことを許し合える。どんな場所だってそうだよ。そうすると、土地や部屋があなたの才能を最大に引き出すお手伝いをしてくれる。必要な情報を与えてくれる。

何かを誰かから奪ったり、何かをもらったりしても、わたしがわたしの家族を見失っているとき、果実はわたしの中で腐り、美しい水はそのまま流れ出ていってしまう。どんなときもクリーニングをして、自分を整えるんだ」

今、わたしはハワイでこれから過ごす部屋の前の廊下に立っている。まるで博士が隣にいるような気持ちになって、あわててクリーニングを思い出した。予想よりもはるかに古い建物。廊下を挟んだ向かいの部屋から聞こえてくるテレビの音に、なぜだか寂しさを感じている自分、薄暗い廊下になんとなく恐怖を感じること、できれば、ビーチフロントで優雅に過ごしたかったなという隠れた不満が続々と顔を出した。それらをクリーニングしてから、改めてドアノブを回し、部屋に足を踏み入れた。
「はじめまして、わたしは平良アイリーンです。日本から来ました。これから一週間、どうぞよろしくお願いします」と挨拶《あいさつ》をしてから、部屋を見渡してみると、こぢんまりとした部屋は、なんとなくあたたかな黄色い光に満ちていた。小さな二人がけのソファーに小さくなって横になり、そのパイナップル柄の生地を見つめていると、わたしの中にあった、自分は一人でハワイまでインタビューをしに来ているんだ、ホ・オポノポノの秘密を探るんだ、何か特別な仕事をするんだ！　という硬さのようなものが、どんどん溶けていき、まるっきりそのままで、心を開いても大丈夫という、日本で大好きな家族といるときでさえ感じることのなかったような、溢れるような安心感に包まれていた。

「みながマイホームに戻るときが来ているのです。あなたの使命、こだわり、判断を、ホ・オポノポノで手放していくと、たどり着く場所があります。あなたが遥か昔から、ただあなたであるだけで、何者でもないゼロのあなたでいることで、すべてが流れ、生まれ、実る場所がありました。そこがあなたのホームです」

そんな博士の言葉を思い出しながら、わたしは眠りについていた。

朝になり目覚めると、昨晩少しだけ開けておいた窓の隙間から、あたたかい風が運ばれてきていた。

毎朝起きて、ベッドから起き上がる前に、わたしが必ず読む言葉がある。これは、クリーニングツールの一つでもあり、ホ・オポノポノでは『はじめの祈り「わたし」は「わたし」』と呼ばれている（巻末収録）。

一日の始まりや新しい土地に行くときなど、何かを始める前に読むことで、わたしのウニヒピリ（潜在意識）に自動的に『ほんとうの自分』を思い出させることができるよう、モーナが瞑想を通して導きだした、クリーニングの言葉だ。

「私達は、どの瞬間も過去を背負わされて生きています。朝、起きたてで、新しい一日だ、と思っているその瞬間も家族との問題、様々な煩《わずら》いを、記憶を通して見せられています。だから、できるだけ私達は、その記憶まみれになっているウニヒピリに『ほんとうの自分』が本来どんな存在であるのかを教えてあげる必要があるのです。たとえあなたが忘れていても、朝起きてすぐ、これを読むことで、ウニヒピリがクリーニングを始め、一日を自分らしく生きる手助けをしてくれるようになるよ」

そう博士にアドバイスを受けてから、わたしはいつもベッドから出る前に、まずこの言葉を読む。

「わたし」は「わたし」

「わたし」は　無より出でて　光にいたる

「わたし」は　息吹　いのちを育む
「わたし」は　空《くう》　意識はるか超えた先の　空洞
「わたし」、イド、すべての存在
「わたし」は　水と水つなぐ　虹の弓を引く
はてしなく続く　こころとできごと
「わたし」は　めぐり入りて　出ずる　息吹
見えず　さわれぬ　そよ風
ことば　かなわぬ　創始の原子
「わたし」は「わたし」

たとえこの言葉の意味がよくわからなくても、読むだけでわたしの内側でクリーニングのスイッチを押してくれる。過去から引き起こされた感情が今日のわたしの一日に大きな影響を与えているからこそ、一日が始まる前にそれをできるだけお掃除する。

博士からご紹介いただいた「彼ら」と、今日ようやく会うことができる。その興奮をクリーニングしつつ、部屋を出発する前にもう一度、メールをチェックすると、博士から短いメールが届いていた。

ディヴィニティーは、どこにでもいるし、どこにもいない。あなたがクリーニングをして、ほんとうの自分を生きるとき、あなたが体験するすべてに、それは息づいている。あなたが記憶に溺《おぼ》れ、自分を失っているとき、あなたはたとえ聖地に行ったとしても、その神聖さを見ることはできない。

カリンのテラスにて

　ワイキキから車で四十五分。オアフ島の南海岸沿いにあるエヴァビーチ。その静かな住宅地で車をゆっくり走らせながら、手元の住所にある番地を探していく。どの家も芝生が綺麗に整えられていて、ときおり吹く風が、街路樹の葉を優しく揺らしている。

　しばらくして、長髪の美しい女性が茶色い屋根の家の玄関先に立っているのが見えた。彼女はカリン・オーシングさん。年齢は四十代後半。ＳＩＴＨホ・オポノポノ代表のＫＲ（カマイリ・ラファエロヴィッチ）さんの秘書をされている方だ。

　これからお話を伺う方々の住所や詳細の最終確認として、簡単な打ち合わせをするために、まずは彼女の自宅に立ち寄った。

「お久しぶりです。とっても素敵なお家ですね！」

「ありがとう。ようこそ」

いつもの彼女の優しい笑顔で家の中へ案内され、すぐに気づいたのは、家具がほとんどないということ。

わたしの表情を見て、カリンさんは笑って言った。

「離婚手続きがやっと終わって、先月家を見つけて、引っ越してきたのは先週。家族以外ではあなたが初めてのゲストよ。今日はいい天気だし、ラナイ（ベランダ）にはテーブルと椅子があるからお茶でもしましょう」

わたしがカリンさんと初めて会ったのは、数年前KRさんのご自宅で、SITH本部のミーティングがあったときだ。優しく、いつも少しシャイで穏やかな表情が印象的だった。その後も度々ハワイでイベントがあるときは顔を合わせ、用事がある度、日本からスカイプで会話をしているので、そんなに久しぶりという感じはしていないはずだった。しかし、カリンさんが、

「お茶を出そうと思っていたのに、家にまだお茶がないってこと、いま気づいたわ。今日は暑いし、ブルーソーラーウォーター（三五八ページ参照）を一緒に飲みましょうよ」

と言ったとき、そのあまりの物事の運び方の自然さに、「きっとこの場所全体が、彼女が自由を生きようとすることをサポートしている」、なぜだかわたしはそう感じたのだ。ベランダというよりも、こぢんまりとしたテラスに、バーベキュー用のテーブルと椅子が並べてあった。席についてすぐ、カリンさんが言った。

「わたしはね、ホ・オポノポノを知っていて、ほんとうによかったと思ったことが人生で二度あるの。もちろん、日々このプロセスを実践しているし、その恩恵に疑いはない。でも、とくにその二度の体験で、わたしはこころから感じることができたの。『わたしは今、正しい場所にいる』って」

「正しい場所にいるって、どういう意味ですか？」

〝わたしは今、正しい場所にいる〟。この言葉をヒューレン博士、ＫＲさん、そしていろんなホ・オポノポノの講師が度々口にすることが、前から気になっていたわたしは質問をした。

子供のころの違和感

「じゃあ、まずはわたしの生い立ちから話すわ。わたしは九歳のときにスロヴァキアからビッグアイランド（ハワイ島）に、両親と二人の兄と一緒に亡命してきました。すると生活は一変。ヨーロッパとハワイでは、すべてが違うように当時のわたしの目には映ったの。人生における、とても大きな変化だったから、わたしはある日から、さまよう気持ちの支えとして『わたしは一体何者なのか』と強く考えるようになった。学校では言葉が理解できず、同級生となじむこともはじめはできなかったのです。髪や肌、目の色もすべてが違っていたため、みんなから、いつもからかわれていました。

ビッグアイランドのワイメアという場所に越してから、奨学金を使って私立の学校に入ることができて、そこでわたしは何をこれから学び、何を専攻すればいいのかしらと考えるようになったの。

ある日、当時のルームメイトの本棚を何気なく眺めていたら、『セルフ・アイデンティティー・スルー・ホ・オポノポノ』と背表紙に書かれた一冊の薄いパンフレットのようなものが目に入り、そのタイトルに衝撃を受けて、勝手に手が伸びました。それを摑《つか》もうとするわたしに気づいたルームメイトはこう言ったの。

『興味があるの？』

学校一シャイだったわたしが、はっきりと大きな声で『ええ』と言うのを聞いて友人は驚いていました。わたしは、その簡単なＳＩＴＨのパンフレットを何度も、何度も、初めから最後まですり切れるほど読みふけったのです。

九歳でハワイに越してから、わたしがわたしのルーツとつながるのは父と母と二人の兄の存在だけだったから、彼らを見て、なんとか自分が何者か、恋愛や友人関係でつまずく度に、とにかく家族を見て、答えを無理矢理出してきたの。だから、『セルフ・アイデンティティー（ほんとうの自分）』という言葉を聞いただけで、わたしの中心が急に動き出したようで、ただ嬉しかった。その言葉だけをずっと耳にしていたいくらい、嬉しかったのよ。

やがて大人になり結婚して、すぐ妊娠しました。子供がおなかにいる頃、また声が聞こえてきたの。『わたしはいったい何者?』って。

そして、わたしは今度こそ、SITHを学ぶ必要があると思ったの。今おなかに新しいいのちを宿したけれど、この子を生み、育てようとしているわたしっていったい何者なの? わたしはそれを知らなければ、何もできないと思いました。

十代から二十代になって、いる場所をいつも間違えているような、所在なさを常に感じていました。そんなときに結婚や妊娠を経験し、これ以上この自分という存在がさまよっていてはいけないと思いました。波に溺れる一歩手前で目の前に現れたロープをようやく見つけ、自分の意志でそれを握る、大げさに聞こえるかもしれないけれど、当時のわたしは真剣でした。いま振り返ってみると、わたしのウニヒピリが必死に、わたしをホ・オポノポノに導いてくれたんだと思います。

一九九六年、ビッグアイランドで開かれたベーシック1クラスに参加しました。クラスに出て、今までわたしがしてきた過ちや苦しみ、これはずっと繰り返してきた記憶だというところが、まずとても腑に落ちました。たいしたミスでもないのに、落ち込んでしまう自分をようやく認められたのです。

例えば、学生時代、わたしは毎朝洋服を選ぶときにいつも途方に暮れるような女の子だった。普通のティーンエイジャーだったら、楽しくて仕方がない作業よね。それでもなんとか選んで学校へ着て行くと、決まって疎外感とか恥ずかしさに見舞われたもの。家事の手伝いをしていても、お皿を選ぶような、なんてことない単純な作業が苦痛で、でも無理矢理にでも選んでテーブルセッティングをすると、家族に笑われたり。みんな悪気はないんだけれどね。考え過ぎだとはわかっていても、わたしにとっては、もうそれは顔から火が出るほど恥ずかしいことだし、消えてしまいたい、と思うほどの重大なことだった。それをどこへ行っても体験してしまうのよね。

ボーイフレンドができてデートへ行っても、学校が替わる度に新しくできる友達とも、わたしがわたしでいられない、正しいことをさっとできない不自由さをずっと味わってきた。

だから、初めてのクラスを受けたあと、ほんの些細なことだけれど、小さく小さく直観を感じることができるようになったことは、わたしの人生をとても楽に軽やかにしてくれたの。例えば、なぜか映画に行きたいと思って、そうしたらちょうど友人からの誘いがあって、良いタイミングで映画を観に行けたり、運転中なぜだかいつもとは違う道を通ろうと突然思って、それに従って運転していると渋滞を避けられていたり。そういうことが自然と起きるようになっていった。

こんなこと、お話ししても、ほんとうに小さなことだから恥ずかしいのだけれど、今まではなんとか考えを絞り出さない限り何かを決められず、さらに決断しても、あまりにも周りとちぐはぐだったわたしにとっては、人生が急に色づいて見えるようになったの。初めて、このハワイの地に自分が暮らし、日々を創っているんだって、自信を持つようになった。周りの人とも対等な気持ちで関われるようになって、人間関係も豊かになっていった。ほんとうに歯車がばっちりとはまって、道も車も人も、ちゃんとしたバランスの中でわたしがそこに生きているという、開けた未来が見えるようになった。『わたしは今、正しい場所にいる』、そう感じることができた一つ目の出来事です。

高校にあがる頃には、英語はすでに完璧に話せるようになっていました。それなのに、二十歳を超えても、英語を口にする度に心臓がバクバクしていたの。受けたクラスで、そのことを講師のヒューレン博士に勇気を出して聞いてみると、こんな答えが返ってきました。

『あなたがアイデンティティーを取り戻せば、英語も自由を取り戻すよ。あなたがドキドキしているのではなくて、英語とスロヴァキア語があらゆる記憶を再生して、恐れを体験しているのだろう。あなたが英語を話すと、スロヴァキア語がドキドキするんだ。あなたがあなたの体験、名前、家族、住所をクリーニングしていけば、大丈夫だろう。土地にも意識があります。あなたが住んできた土地と、あなたがクリーニングされないまま引き離されたショックを体験しているとしたら、それをクリーニングしてみたらいい』

いつも悲しかったほんとうの理由を、やっと自分自身でも理解できました。九歳までは、スロヴァキアで親戚や幼なじみと仲良くご近所同士で暮らしてきたこと、一方、わたしが生まれた国とは、両親を介してしか関わることができないという心細さを、ハワイの土地で体験していたのね。そして、その記憶はもっとずっと昔から続いてきたということも学んだ。そこから、わたしは自分の名前や、家族の名前、当時住んでいた土地に持っているいろいろな気持ちをクリーニングしていったの。不思議なことに、その頃から、夫とはもちろん、夫の家族との関係がよくなっていったんです。夫はネイティブ・ハワイアンの家系で、家族がものすごくたくさんいるの。それに比べてわたしの家族は移住してきた五人組。新しくできた家族といると、いつも圧倒されるような状態。それが変わったのよね。一人ひとりの顔をちゃんと見て、わたしとしてきちんと話せて、もちろん英語を使ってね。

ホ・オポノポノでは、先祖のクリーニングを扱うのだけれど、家族の規模の大小にかかわらず、クリーニングを続けていくと、わたしの中の歴史がきちんと修正され、芯が整ってくる。そのことをほんとうに実感できるようになったわ。

もし、この芯がなければ、わたしはこの環境で四人の子供を育てることはできなかったと今でも思っています。

もちろん、初めてクラスを受けてから今にいたるまでも、人生で問題や悲しみ、怒りはいつも訪れています。最近離婚したばかりだしね。でも、どんなときも『ああ、またクリーニングのチャンスが現れた。記憶を手放すチャンスなのね』と、いつも自分に軸を持っていられるおかげで、今わたしは一人で暮らすことができているの。どんなときよりも土地とつながって、家族もいるということを感じられている最中なの。子供たちとも、もっと信頼感が増して、お互いを尊重できるようになってきた。別れた夫やその家族とも、必要なときに完璧なタイミングでサポートをし合える関係が育《はぐく》まれている。仕事はKRの秘書をもう八年以上続けているけれど、自分の能力を表現しながら経済的に自立できていることで、自信が生まれている。

今わたしは幸せです。子供に何かを言わないといけない、注意をしなきゃいけない、というときに、子供が言うことを聞かない、耳を貸そうともしないとき、『おっと！クリーニングのチャンス。自分の中で何かがつかえているんだわ』と気づき、そこからまたクリーニングをして、また話すの。すぐにうまくいくこともあれば、いかないこともある。でも、これはほんとうのこと。わたしの中で記憶が再生されている限り、物事はほんとうの意味で進み始めないから。

クリーニングと一緒に子育てをできたことを、ほんとうに幸運だと思っているわ」

正しい結婚、間違った結婚

「結婚を決意したときには、すでにホ・オポノポノをご存知だったわけですが、どんなクリーニングをされたのですか？」

当時、翌年に結婚を控えていたわたしは、それを聞かずにはいられなかった。素敵な相手と出会えて嬉しい反面、相手は外国人で、暮らすのも異国の地になることから、クリーニングをどんなにしても、不安な日々が続いていた。

「そういえば、結婚の報告をヒューレン博士とKRにしたとき、二人からこんなことを言われたわ。

『あなたが結婚をしたいと思ったその動機をよくクリーニングし続けてください』

当時のわたしは、それが恋愛結婚だったから、動機も何も言われるまでわからなかった。でも、すぐに気づいたのは、結婚をして、この国で、この土地で、堂々と市民権をもって生活していきたいと強く思っていることがわかったの。だから、それをよくクリーニングし続けました。でも、そのおかげで、わたしはまさか自分で暮らせるほどの経済力があるとは信じていなかったのに、今この現実があるのは、結婚を通して、わたし自身を信頼していないという記憶をクリーニングできたからだと、いま振り返ってみて思うわ」

結婚が決まってから、これが間違っていたらどうしよう、正しくない結婚をしたら、不幸になってしまう、と喜びと同じ分、いや、それ以上に怖いことが起きる不安、罰《ばち》があたるんじゃないかとか、しっぺ返しがくるんじゃないかと、知らず知らず思っていたことに気がついた。

「モーナさんは昔、女性たちが結婚の相談に来る度に、

『正しい結婚、間違った結婚など存在しません。記憶をクリーニングするチャンス

があるから結婚するのです。反対に記憶をクリーニングするチャンスがあるから結婚したいのにできない、という体験もします。どちらにしても、それをクリーニングしていけば、あなたにとって正しい場所に着地します。内側をクリーニングしていくからたどり着けるのです』

とアドバイスされていたそうです。わたしは彼女に一度もお会いしたことはないけれど、このことはいつもこころにとめています。

実は結婚生活を通して、わたしは常にからだの不調を体験していました。もちろん病院に通い、生活習慣を見直し、できるだけのことはしました。でも、次から次へとからだが不調を訴えてくる。

そこで、わたしはクリーニングをしていく中で、『この家を出よう』と決意しました。夫に相談すると『それは構わない。ただし、君だけが出て行くんだよ』と言われました。こんなに病気で苦しんでいるのに、と一瞬嘆きましたが、『ああ、もうここからはウニヒピリの言うことは無視しない。ここから、改めてわたしはわたしに信頼を取り戻していかなくては』と思ったの。どんなに心細くても、どんなに不安でも、自分が自分を愛する結果なのであれば、これ以上悪くなることなんてないわ、と思って、ようやく飛び出すことができたの。

何よりも驚いたのは、引っ越したすぐ後から血糖値が急激に正常値に戻り、状態が良くなったこと。病気を患っていたときは、その痛みと、居心地の悪さを通してしか元夫を見ることができなかった。ポジティブに相手を見ることができなかったの。

だからといって、彼と別れたから病気が治ったという話とも違います。つまり、わたしは夫と別れるという決断を下した瞬間から、ようやく自分と向き合わなくてはいけなくなったわけ。彼はもう目の前にいないのに、彼に関して、あれやこれやと、いらだちや怒りがわき続けることに気づき、これは全く彼とは関係のないこと、わたしの中にある記憶が見せていることなんだと、ようやく気づいたときから、あらゆることが変化したの。

まずは、彼への感謝。今まで忘れていたけれど、今日までわたしがオアフで安心して暮らせたこと、幸福を体験できたのは彼のおかげ。美しい子供たちと出会えたのも彼のおかげ。
彼を数年ぶりに一人の尊敬すべき人間として見ることができた。でも、この感じは、何かに似ていると思ったら、それは、自分に感じていることだった。太り過ぎで、おっちょこちょい、でも、すごく貴重な存在である今の自分を愛している、その感覚にとても似ていました。そこから一気にからだに変化が現れました。

わたしの両親は十代で結婚をした若い夫婦でした。当時のスロヴァキアは共産主義国家で、彼らはそういうことに反発して屈服したくなかったわけ。それで家族を連れて他の親戚を残し、ハワイに移住したのよね。ヒューレン博士に言われたの。「反発している」という記憶を、わたしは結婚生活の中でクリーニングすることがとても大切で、それがわたしの子供たちの人生を大きく支えるし、何よりもわたしがほんとうの自分を生きるきっかけになるはずだと。

こころの中ですごくしっくりきたのよ。わたしは両親の歴史をそのまま生きているって。人生のほとんどをハワイで暮らしてきたのに、わたしの記憶は再生されっぱなしだったの。だから一生懸命良い妻、良い母になろうと頑張るのに、反発しているから疲れるの。

子育てをするっていろんなことが出てくる。子供が健康的に生まれて、とってもかわいい、でもそれだけでは満たされない。泣き止まない、食べない、周りの目が気になる。最高の妻や母親にだってなりたい。怒ったり、苦しいことが恥ずかしくてたまらない。そんなとき、ほんとうにホ・オポノポノに救われたのです。

あるとき、ＫＲに相談したら、『そんなことしていると溺れちゃうわよ』って言われたの。なんとか解決しようと頭ばかり使ってからだを動かすのをやめたら溺れちゃう。それと同じ。だから、クリーニングして、子育てする。クリーニングして、夫と喧嘩をする。そうしていくうちに、方法を変えたり、言うべきことを言ったりしている自分と出会うようになったの。変化よね。

一番苦しかったときにヒューレン博士に言われたわ。

『あなたの後悔があなたを苦しめている。その後悔はずっとあったこと。あなたのものでさえもないんだよ。あなたの家族、あなたの先祖、果てしなく続けてきたものをあなたはこの結婚で改めて再生しているだけなんだ。そうやって現れてきたものをクリーニングしていけば、進んで行けるよ』

そこからも、普通に子育てをして、結婚生活を続けてきて、そして今ここにきて離婚しました。子供たちは、夫と夫の両親のもとで暮らしています。週末になるとここに来るの。今はそういう状態。記憶から見ると、いくらでもみじめさや不幸を見つけることができる。でも、今までのどの瞬間よりも豊かな時間よ」

そう話すカリンさんは、わたしが今まで知っている彼女の中で一番無邪気で、そしてたくましく見えた。

「カリンさん、初めての一人暮らしはいかがですか？」

と聞いてみた。

「正直なところ、離婚を決めたとき、母は違う島で暮らしているし、子供たちとは離れたくない。予算もあまりない中で、どこに住めばいいのか途方に暮れました。でも、今こそ自分のウニヒピリ（潜在意識　三四四ページ参照）の母親をしっかりやろうと決めて、不安な気持ち、怒り、恐れをクリーニングしていったら、スーツケース一つだけを持ってスロヴァキアからハワイに来たときの幼い自分の姿を思いだしたの。心細くて、どこにたどり着くのか、みんながわたしを異端児として見てくる目が痛かったこと、そして、今までずっと一緒でかわいがってくれた祖父を失った悲しみなどが、まだまだ生々しく残っていることに気がつきました。居場所が見つからず途方に暮れる感じね。もうハワイに暮らして何十年と経つのに、まだそこを見ている自分、助けを求めている自分に気づいたの。そこをクリーニングして、少しすっと落ち着いたところで、パソコンを開いて新居の予算と希望の地区の名前を打ち込んだら、写真付きのサイトがぱっと映って、連絡をしたの。もちろん、こんな手続きも初めて。物件を観に行くと、ぴったりのものだった。『どうですか？』と聞かれたから、その場で『お願いします』と入居を決めたわ。家具なんて一切なかったけれど、ガレージセールに行くと、ぴったりのソファーがある。ベッドもキッチン用品も、まるで魔法のように一瞬にして揃ってしまった。友達にそのことを話したら、普通の引っ越しよりもはるかにシンプルだわ、と驚かれたわ。明日その家具が一気に届くのだけど、楽しみで仕方がないわ！　長い人生で考えたら、どうってことのない話かもしれないけれど、こんなふうに大変な渦中にいるとき、ちょっとした奇跡や偶然が起きると、それだけで、ああ、ディヴィニティーの案配の中で、しっかりわたしは守られ生きていけるんだって、とても満たされた気持ちになる。これを味わえたことだけでも、大きなギフトです。

わたしにとって、ホ・オポノポノを続けていくことは『be pono』『live pono』。正しくある、正しく生きるということ。ホ・オポノポノでいう正しさとは、つまり自分らしく生きて、物事と調和がとれている自分を取り戻すこと」

ウニヒピリと一緒に、とうとう居場所を見つけたカリンさんの目のはしには、綺麗な涙が光っていた。カリンさんは普段自分の話をされることは滅多にない。今わたしはここに、打ち合わせとして訪れたつもりでいたけれど、ここに招待されたのは、もしかしたら、一人の女性の素晴らしい変化の瞬間の一部を目撃させてもらうためだったのかもしれない。

「長い話につきあってくれて、どうもありがとう。うまく言えないのだけれど、あなたがこうして、ホ・オポノポノのことを本にし、それがわたしの今まで一度も行ったことがない場所で広がっていること、すべてがとても嬉しくて、わたしの道にあたっている光を、よりはっきり感じることができる。素晴らしいことよね」

誰かがクリーニングして、自由を開拓し続けている。そのことへの言葉にならない感謝と尊敬を感じずにはいられなかった。わたしはどこかで、自分が疑問に思っていることに関して、まだふたをしているような気がした。例えば、愛している家族とのこと、結婚相手に対して、大好きだから、結婚するから、そのことはクリーニングしない、とどこかで選り分けている。一つ一つ起きる体験をただクリーニングするだけなのに、それによってどんな変化が起きるのか、恐れてさえいる。これだって記憶だ。

カリンさんは世間的に見たら、今日この瞬間は、実は結構、人生の中でも大変で、元気のない時期にいるのかもしれない。でも、目の前にいる彼女は、今、自分の歴史をまるごとクリーニングする、そのエネルギーに満ちあふれていた。

彼女のパワフルな姿勢から、わたし自身のまだまだ隠れている記憶に気づかされ、早速クリーニングを始めた。

マラマ　乾いた地に吹く風

カリンさんに送り出され、次に向かうのはハワイカイ。ハワイカイは一年を通して晴れの日がほとんどで、比較的乾燥している土地だ。マリーナが近くにあり、綺麗なコンドミニアムが立ち並ぶ地域に入ると、まだ午前中なのに、雲一つない空からは日差しが道路を熱く照らしている。

マラマ・マラコヴィッツさんは、年齢は六十代、ＳＩＴＨホ・オポノポノのボードメンバーとして、数十年、ＫＲさんやヒューレン博士、そしてモーナらとともに活動してきた。彼女はアメリカ合衆国退役軍人省、健康管理部門の中で帰還兵や退役軍人のＰＴＳＤ（心的外傷後ストレス障害）のケアを長年続けている。

待ち合わせに指定されたのは、彼女が住むコンドミニアムの広々とした中庭だ。六月後半のハワイはすでに夏。ブーゲンビリアやプルメリアの他、名前を知らないトロピカルな花々が見事に咲き乱れていて、まるで楽園のようだ。しばらくすると、遠くから、姿勢よく歩いてくる女性が見えた。マラマさんだ。KRさんに以前、「よく一緒にディナーを作って食べるわたしのバディーよ」と紹介されて以来、お会いするのは今回が二度目。

「わざわざ、来てくれてありがとう。また会えて嬉しいわ」

笑顔で交わした握手の直後、彼女は大きなハグをわたしにくれた。それまで時間が止まってしまったのではないかと思えるほど静かで、太陽の日差しだけがさんさんとふりそそぐその場に、音をたてて大きめの風が吹いた。

「まるでHAの呼吸（三四九ページ参照）ね。聖なる息吹が私達を祝福してくれているのかも。わたしもあなたもちょっと緊張しているから、マインドが記憶で満席になる前に、マナ（ライフ・フォース、いのちの力）が聖なる息吹をかけてくれたのよ。ヒューレン博士から、これは聖なる仕事である、と聞いています。クリーニング、忘れないようにしなくちゃ」

マラマさんは笑顔でそう言って、中庭にあるベンチに腰かけた。今日はお水がほんとうに美味《おい》しく感じる日だ。用意してきたペットボトルのお水をマラマさんにも渡して、一緒に飲む。ゴクリゴクリ、とお水が吸収されていく音さえ聞こえる。ここはほんとうに静かなところだ。

問題は、一体どこにあるのか

「モーナはあるとき、ガイダンスを受け取ったの」

マラマさんはゆっくりと話し始めた。

「古代ホ・オポノポノは、聖なる知恵を、カフナと呼ばれる特定の人を介して、問題の原因があるとされる人に渡していく方法でした。モーナもカフナの一人でした。モーナはあるとき、これ以上、自分がこの儀式を続けていけば、内側の目がつぶれてしまう、と感じたそうです。ほんとうは『どんな存在でも、直接、ソース（源）とディヴィニティーとつながり、インスピレーションをそのまま生きる』という贈り物を受け取っているのに、誰かを介してでないと、それができないという方法はいつか限界がやってくる。時代の変化に伴って、そのひずみは、いつかカルマをなすり付け合いながら、問題をさらに拡大させるようになる、と思ったそうです。

そして、彼女は瞑想に入り、インスピレーションから、『一人ひとりが、どんなときも、本来の完璧な自分を取り戻す方法、セルフ・アイデンティティー・スルー・ホ・オポノポノ』と出会いました。それが、純血のネイティブ・ハワイアンという枠を越えた、万物に対する新しいホ・オポノポノのはじまりです」

古代ホ・オポノポノのことをわたしは詳しくは知らない。講演会などで、古代ホ・オポノポノとわたしたちが実践するＳＩＴＨホ・オポノポノの違いについて質問が出ることがある。そんなとき、講師たちはこう答える。「わかりません」。ただ、それだけ。比較や分析はない。講師たちは続けてこう言う。「わたしが興味があるのは、自分がいま知っている方法でクリーニングするかしないか、ただそれだけです」

だからマラマさんが、こんなお話をするのが新鮮でもあったし、何かひっかかるものがあった。

「モーナはＳＩＴＨとして活動を始めたとき、数少ない周りの人間にこう言っていたそうです。

『これからこの新しいプロセスが世に出ていく中で、私達は繰り返し、判断の記憶をクリーニングしていく必要があるでしょう。他の方法と比較したり、ここがこれと違う、異なっている、と争うことを体験するかもしれません。でも、そんな体験でさえ、そのシナリオは私達の中に、もともとあったものなのです。これは世界中で起きている戦争と同じ質の想念です。

自分はこのプロセスを通して、〈自由〉を選択している、ということを忘れないようにしましょう。自分は〈自由〉から選択し、ウニヒピリを愛している、これが自分である。そこから世界と関わっているという立場に戻れば、自然とあらゆる叡智、教えと調和を取り戻し、何をどんなタイミングで、何が学びとして自分に現れるのか、誰かからの判断を仰がなくても、そのメッセージを生きることができます』

わたしもあなたも、自由を選択している者同士よね。それだけ最初に確認したくて。これで、この話はおしまい」

マラマさんの表情は穏やかだった。話を聞いている間、わたしは自分の奥にあった小さな小さな疑いの存在を知った。その疑いは決して、ＳＩＴＨホ・オポノポノに対してではなかった。わたしが自分の人生を自由に選択できる、そのことに対する疑いだった。それをクリーニングさせてもらえたおかげで、わたしはより一層、ホ・オポノポノが難しいとか、わからないとか、そういうものでさえも、わたしがクリーニングすればいいだけなのだということにピンときた。もしもわたしが「自由」を選択するのであれば。

「わたしがホ・オポノポノと出会ったのは、ちょうど姉に統合失調症の診断がくだされた頃でした。母がヒーラーとしてのモーナの記事を見て、クラスの存在を知って、参加しました。当時まだ看護学校の学生で若かったわたしから見ると、モーナはエレガントなハワイのおばさん。クラス半ばで、突然わたしのところに来て、こう言ったのです。

『あなたが〈ほんとうの自分〉が一体何であるのかを知るのは、かけ算を覚えるよりも、友達を増やすことよりも、結婚することよりも、貯金することよりも、他のどんなことよりも大切なことなのよ』

笑っているのか、怒っているのか、なんだかよくわからない表情で、突然こんなことを言われたのにもかかわらず、わたしは自分が喜びを感じていることに気がつきました。長いこと、姉が徐々に精神状態が不安定になっていく姿を見ていて、悲しくて、助けたくて、さらに家族が疲労困憊していくのに、わたしでは解決できないという現実に怒りを感じていました。その代わりわたしがとった方法は、楽しいことはしないということでした。将来家計を支えるための勉学をしっかりして、他のことはあまりしないようにしていきました。だから、まだホ・オポノポノのことをあまり理解していなくても、この素敵な女性に、自分に注意を向けることが何よりも、どんなことよりも大切なんだと言ってもらえて、とっても嬉しかった。

クラスの合間に、モーナに姉の相談をしに行きました。姉が他人にも自分自身にも暴力をふるうこと、精神病院に入っていること、どうやったら治してあげられるのかを聞きました。そこでモーナに言われたことを今でもはっきりと覚えています。

『わたしは何か問題が起きたとき、誰かが大変な目にあっているという体験をしているとき、その対象を変えようとはしません。わたしは自分自身をクリーニングします。誰かのためではありません。あなたがあなたを覆い囲む記憶を消去し、それを許さない限り、変化は起きないからです。あなたがあなたを救わなくては、誰も救われません。誰かだけが得をして、誰かだけが損をしているというバランスは、本来宇宙に存在しないのです。あなたがあなたの外を見て、不調和を感じているということは、あなたの内側でバランスを失っているということ。判断を繰り返す間、あなたはあなたを生きていません。まるで、止まらないメリーゴーランドに乗って、幻を見続けているようなものです』

正直なところ、ショックでした。モーナに会えば、何かを変えてくれる、治してくれる、と期待していたから。そんなわたしのこころの声に答えるようにモーナはこう続けました。

『実際に何か物事が変化しても、あなたがクリーニングを始めない限り、あなたは記憶で見ることしかできません。あなたの記憶は言っています。貧困が世界中で起きている。政治家は悪人だ。家族の中に病人がいる。であるならば、この世は平和ではない、と。でもね、これはあなたが何世紀にもわたって溜め込んできた、絶対の知能に対する恨みと脅迫の記憶、あなたのウニヒピリは、それをあなたに証明しようと、何度でも、何度でも形を変えて問題を見せ続けるでしょう。あなたが記憶を手放さない限り、隣人には目がいかないのです。あなたのささやかなからだの変化にも気づきません。奇跡はいつもあなたから始まるということに気づくことができないのです』

とても厳しい口調でモーナは話していました。気づくと彼女の手がわたしの両目を目隠しするように覆い、わたしにこう問いかけました。『何が見える？』。わたしは、姉が統合失調症であるということに打ちのめされている、という自分を感じました。

『外にはないの。あなたの内側をお掃除することが大切』

モーナの声は、信じられないくらい、優しい声でした。

それから、わたしは初めて知ったウニヒピリという存在に、たくさん話しかけるようにしました。姉が恐ろしい言葉や行動をとっても、母親が疲労で倒れても、まずわたしは自分のウニヒピリに、『ごめんなさい。苦しい思いを抱えていたのね。この記憶を手放せるようにお手伝いしてください』と話しかけ、学校でも、家でも、できる限り、『ウニヒピリ、元気？　何かしたいこと、食べたいものはある？』と問いかけ、『愛しています』と繰り返しました。もちろん、同時に家族へのサポートも実際にするのだけれど、自分でも驚くほど、こころの負担が減っていきました。

とにかく、慣れないながら、ウニヒピリをケアし、クリーニングを続けていくうちに、姉にも変化が現れました。その頃入院していた病院では、大量の薬物を使った治療が行われていました。母もわたしもそのことに反対でしたが、病院からは、この治療を行えないならば、入院させることはできないと言われ、途方にくれていました。そこで、病院や薬の名前、薬物治療に対して、わたしが持っている判断や意見をクリーニングしていきました。

すると、数週間して姉の意識が普段よりも冴えていることに気づき、医者に聞くと、薬の量を減らしたというのです。そのことにも驚きましたが、薬の量を減らしても、凶暴ではない姉の姿にさらに驚いている自分がいました。そこで気づいたのです。薬がないと、姉が正常ではいられない、と誰よりも思っているのはこのわたしだったのだと。

わたしは改めて、姉への思い、『統合失調症』に対してわたしが持っている認識をクリーニングしました。

その間もクラスに参加し続けていました。モーナはあえて、姉の名前を出しませんでしたが、クラスの中で、繰り返し言いました。

『これは誰かを救うためのプロセスではない、ということを何度でも言います。これはわたしを救うプロセスです。物理的なすべての存在は本来完璧です。そうでないものをあなたが、視覚、聴覚、味覚、思考、何かしらで体験するとしたら、それはあなたの問題です。外に原因はありません。自分の記憶をクリーニングする、ただそれだけです』

そうして、クリーニングを続けていき、二年ほど経過すると、投薬もだいぶ減っていました。姉は不安定ではありましたが、冴えている時間のほうが長くなり、普通の会話もできるようになりました。あるとき、お見舞いに行くと、姉が『〇〇病院へ行きたい』と言いました。初めはテレビか何かで見た、架空の病院なのではないかと思いました。でも、気になって、帰宅してから電話帳で調べてみると、実際に存在する病院だったのです。不思議な気持ちで母と病院の見学に行くと、そこは、薬物治療を極力行わず、運動などのアクティビティーを通して、長期的に治療していく精神科病院でした。しかも、病院は母の家から車で三十分以内と、今までの病院よりもさらに近くなります。

姉がどこでその情報を得たのか、他の患者の家族から聞いたのかもしれませんが、姉の意志で行動を起こしたとしか思えませんでした。すぐに転院し、姉は今でもそこに入院しています。母も歳をとりましたが、家からも近く、家族で集まることができます。

わたしは長いこと、帰還兵や退役軍人のＰＴＳＤの治療に関わる仕事をしています。患者はみな元兵隊の男性です。治療プログラムが長期にわたると、患者はみな苛立ち、暴力的な側面を見せられることも多い仕事です。でも、わたしは姉の存在と、そこで起きたクリーニングによって、より確信を持って自分の仕事に取り組むことができます。患者はもちろん、ＰＴＳＤと診断されてくるわけですが、わたしはわたしの内側をクリーニングした上で関わるので、すべきことが明確になります。スタッフの異動や自主退職が多い中、わたしが安定してこの仕事を自分の役割として続けられているのは、姉がインスピレーションを見せてくれているから。そして、どんなときもウニヒピリがわたしのあらゆる行いをサポートしてくれているから。何か問題が起きると、それはわたしと記憶がずれているサイン。またクリーニングするチャンスなの」

マラマさんのお話を聞きながら、わたしは亡くなった従兄弟《いとこ》のテイトを思い出していた。アメリカに住んでいた当時大学生だった彼は、9・11同時多発テロの後、夢遊病が出て、警戒が強化されていた街を夜中に徘徊していたところを、警察に「保護」ではなく逮捕され、そのまま警察病院に強制入院させられ、想像を絶する多量の薬物が投与されたそうだ。彼は、最後のほうは帰宅が許されたが、複数の薬物の併用で、意識が混濁状態になっており、家族が目を離しているすきに不慮の事故で亡くなってしまった。

わたしはどこかで、これも、クリーニングしないことにカテゴリー分けしていたことに気がついた。どこかで、わたしにはどうしようもない、外で起きた不幸、家族の誰も救うことができなかったのだから、わたしなんて所詮無力だ、という結論から、これまできちんとクリーニングしてこなかった。従兄弟を思い出す度に、悲しくなる度に、なんとなくクリーニングしていたが、マラマさんのお話を聞いていると、精神障害に対する自分の恐れ、薬物に対する極端な偏見、警察や病院という権威があるものに対する無力感や怒りがあることに気がついた。丁寧にクリーニングしていく。怖いけど、クリーニングする度に、従兄弟と遊んだ思い出や、彼はダンスが好きだったこと、どちらかというとわたしと顔が似ていたこと、梅干しをおみやげに持っていくと喜んでくれたこと、超秀才で、飛び級で大学に進学したこと、わたしが数学が全然できなくてもほんの少しもバカにしなかったこと、天使のように心優しい、家族のみなに愛された思いやりのあるテイト本人が思い出された。

いつのまにか、不幸な死という思い出を通してしか、彼と接することができなくなっていた。クリーニングすればするほど、テイトがそこにいる。わたしの思いをクリーニングすればするほど、わたしの中で彼が自由になっていく。彼がまだ元気だった頃、臓器提供の意思表示登録をしていたため、事故で脳死が確認された直後に、それを必要とする患者のもとに届けるためにヘリコプターで運ばれ、それを家族みんなで見届け、そのときの空が抜けるような快晴だったことも鮮明に思い出した。クリーニングすればするほど、テイトがはっきりとしてくる。もっと自由に、テイトが自由であってほしい。いや、自由を失っていたのはわたしのほうだ。わたしが体験するテイトを自由にする責任があるのは唯一このわたしなのだ。

今までクリーニングできなかったけれど、こうしてまたチャンスが与えられたことはどんなにありがたいことだろうか。

私達がいる場所にまた大きな風が吹いた。そういえば、昔テイトはハワイに行ってみたいと言っていたっけ。

博士の怒り

「ねえアイリーン、あなた、イハレアカラ（ヒューレン博士）が怒っているのを見たことがある？」

マラマさんは突然、そうわたしに尋ねた。講演中に厳しい口調で質問者に答えたり、わたしがクリーニングしないでバタバタ動き回ったり、感情的になっている様子を無言で注意されることはしょっちゅうだったが、それでもよく考えてみると、怒っているヒューレン博士は見たことがなかった。

「わたしはね、一度だけ、怒ったヒューレン博士を見たことがあるの。アシスタントとして参加したクラスの終了後、ある末期がんの女性がヒューレン博士に話しかけていたの。彼女は医者に余命三ヵ月であると宣告されていること、がんの具体的な症状をイハレアカラに話していたけれど、本人はとても穏やかだった。死を受け入れていて、死ぬ前にクリーニングの方法を学びたくて来たんだと言っていたわ。イハレアカラは、静かに彼女の話を聞いた後で、彼女をやさしく抱きしめて、こう言ったの。

『あなたは聖なる存在です。わたしはあなたと会えてほんとうに光栄です』

その女性は喜んだ様子で帰って行った。

その頃はイハレアカラがトレーナーとしてクラスを教え始めていて、モーナは部屋のすみで瞑想を通してクラスに参加していた。わたしと他のアシスタント、そしてイハレアカラ、モーナが車に乗ってホテルに帰る途中だった。車の中はとても静かだったのだけれど、イハレアカラの様子がいつもと少し違っていた。モーナもそのことに気づいたのか、『車を停めてください』と突然つぶやいたの。もう一人の運転していたアシスタントが車を停めると、モーナはこう言った。『今クリーニングが必要です』。それに応えるようにして、ヒューレン博士が低い、けれど、確かな声で話し始めた。

『人を治療することは聖なる行いです。私達はみな、相手を聖なる存在として関わらなくてはいけないのです。医者は医者として仕事をします。余命を伝えることが必要な時代なので、それも大切でしょう。しかし、そこに相手が神聖な存在であるという気づきがないと、相手とそのたましいは迷ってしまう』

ヒューレン博士は静かでしたが、怒っていることにそのときようやく気がつきました。車内のみなそれぞれが、体験していることをクリーニングしました。少し時間をおいて、モーナが口を開きました。

『それは、わたしの中にある記憶です。病はわたしの中にあります。相手を完璧な存在と見られないことは、たましいを不自由にします。ほんとうはそれぞれが自由への道を歩んでいるだけなのに、病を持った人間を、その神聖さから引き離してしまうという記憶が、わたしの中にあるのです。見せてくれてありがとう、イハレアカラ』

少ししてから、みなが落ち着きを取り戻し、ホテルに戻りました。余命三ヵ月という宣告が悪いわけではないの。医者が悪いわけでもない。でも、私達の中にいつの間にか、病であるということと、人が無条件で本来、無限の可能性に満ちた、もともとはディヴィニティーであるという事実を切り離すことをしてしまった歴史を、きっとイハレアカラはその体験で見たのね」

わたしは何も言うことができなかった。わたしだって病気になったら、お医者様は神様で、できるだけ良い治療をと、求めている。家族が病気やけがをしたときは、どうか良い先生に診てもらえるようにと、必死に今まで祈ってきた。きっとこれからだってそうするだろうけれど、わたしはわたしの歴史を変えなくてはいけない。病人やけが人、日々老いていく、愛する人々や自分自身をただただ嘆くのではなく、いつだって、彼や彼女のたましいは完璧で美しい、かけがえのない存在なのだと、そのつながりをわたしの中に取り戻したいと、こころから思った。

わたしの従兄弟が死んだ本当の理由なんて、誰にもわからない。不慮の死を家族が体験したとき、そこには考えても結論の出ない多くの謎や疑いが満ちていた。しかし、いのちの働きを終わらせるほどの大きく複雑な何かを、わたしの表面意識が捉えることなんてきっとできないのだ。

できることは、彼を失った悲しみ、苦しみ、懐かしさ、いたたまれなさ、したこと、しなかったことへの後悔、罪悪感をとにかくクリーニングしていくこと、たまに思い出す彼の様子やそのことへの思いをクリーニングして自分自身をクリアにしていくこと。そして、その過程で死んでしまった存在に対してでさえも、まだまだ湧き出す愛みたいなものを、わたしの道にして、今この一瞬を生きていくことだ。それしかできないし、それが、ディヴィニティーがわたしに与えてくれた人や家族とのつながりの意味だと思う。もしも、愛を感じられなければ、クリーニングし続ければいい。愛は「ほんとうの自分」そのものなのだと、ヒューレン博士は繰り返し言っているのだ。

もちろんクリーニングはわたしのためにするのだが、わたしの内側で愛が再び流れ始めれば、そのことだけがきっとこの大きな世界の中で、死とか生とかすべてひっくるめて、それぞれがもとの道に戻っていける唯一の魔法になるのだと思う。そして、遠くの知らないどこかの誰かさんや動物や植物の、意図していない魔法によって、わたしはきっと何度も命拾いをしている、そんな気づきが今はある。

そして、どんなときもその動きを止めないことが、唯一わたしが自分のウニヒピリに与えてあげることができる、いのちの栄養のような気がした。

「そろそろ解散の時間ね。素晴らしいクリーニングの機会をどうもありがとう。おかげで、わたしが今クリーニングするべきことが見えました」

お別れは思ったよりも、あっさりとしていた。彼女はわたしに次の行き先を確認したあとで、もう一度しっかりハグをして、そのあとはすたすたとコンドミニアムに向かって歩いていった。それを見届けて、車に乗ろうとするときに気がついた。いつのまにか、爽やかな風が次々と吹き始めていた。

ナカサト夫妻　モノ達が住む家

ハワイカイから次の目的地、カラマ渓谷にあるジーン＆レスター・ナカサト夫妻の自宅まで車で約二十分ほどだと聞いて、車を走らせて行くと、景色がだんだんと牧場や小さな畑へと変化し、勾配が高くなっていくにつれて緑の牧草地が続いていく。高度が上がるにつれて、太陽の光が強くなっていくのを感じる。空気は相変わらず乾燥している。カラマ渓谷は、以前はネイティブ・ハワイアンの居住地だった。それが一般に開放されてから、もう三十年以上たつ。

わたしはナカサトご夫妻のファンだ。六年前、ビッグアイランド（ハワイ島）で各国のトレーナーやオーガナイザーが集合し、大きめのクラスが開催された。その時に、ヒューレン博士がこのご夫妻に会場のクリーニングを事前にお願いしていた。わたしはクリーニングを実践し始めたばかりの頃で、資料を椅子に配ったり、お水を用意したり、荷物を運んだりするのに必死だった。そんな中、このご夫妻の会場での動きに感動して、しょっちゅう盗み見ていた。彼らはまるで、妖精のように音もたてず、大きな会場の隅々まで移動しながら、何かお祈りのようなことをしていた。その様子は決して怪しいものではなく、床や壁、椅子、タイルの一枚一枚にまで挨拶しているような、清らかで美しいものだった。彼らが移動した後の場所は、ほんとうに空気が変わっているような気さえしたのだ。彼らと博士は長年の友人である。ご夫妻はマウイ島で長年クラスを教えてきた。当日クラスを進行したのはヒューレン博士だったが、クラスの途中、博士が突然ジーンさんに向かって、「いま何が見えた?」と質問をした。とても小柄なジーンさんが何の躊躇もなくすっと椅子から立ち上がり、

「セルフ・クリーン」

とだけ答えて、また座った。彼女の短い返事に、会場は静まった。会場にいたすべての人間が彼女の言った一言に、焦点が合ったからだ。普通に見たら、この博士とジーンさんのやりとりは前後の脈絡がない不可解なものだ。それでも、そのタイミングやちょ

うどいい声の大きさは、まるでしゃっくりが止まらないときに、たまたまいいタイミングで偶然発声したらしゃっくりが止まったような、そんな一幕だった。

もう一つ、印象に残っている出来事がある。今回ハワイに来る一年ほど前に、台湾でクラスを開催した際、ジーンさんが講師としていらっしゃったときのこと。クラスが無事に終了して、翌朝ジーンさんを桃園空港までタクシーでお送りするときに、ちょっと不思議なことが起きた。わたしは元々おっちょこちょいなほうだが、約一時間弱の移動の中で、講師を隣に、突然爆睡してしまったのだ。最後に覚えているのは、いつも通る道だけれど、今日はキラキラしていて綺麗だな、ジーンさんの隣に座らせていただけることはとても光栄だなあ、と思ったところで、記憶は飛んだ。目覚めたときはターミナルに着いていた。わたしは驚いて、慌ててタクシーの運転手さんにお金を支払い、ジーンさんに本気で謝った。するとジーンさんは真顔で「あなた瞑想してたのよ。そのおかげでわたしもパワフルな時間を体験しました。気持ちよかったわよね」と言うではないか。実は、その眠りはわたしの人生のトップ3に入る、最上の眠りだった。ふざけていると思われるかもしれないが、わたしは寝ることを本気で愛している。気持ちよく寝られたときは、それだけで、一日中感動してしまうほどだ。だから、慌てて起きたときも、その心地好《よ》さ、軽やかさに衝撃を受けていた。でも、まさかそんな感想を講師に言えるはずがないと思っていたら、ジーンさんは、わたしの眠りをほめてくださった。こんな体験は生まれて初めて。正直なところ、ほんとうに素晴らしい眠りでした、とお伝えすると、ジーンさんは「すごかったわ」と、なぜだか感慨深そうにしていた。まるで狐につままれたような気持ちで、チェックインの手続きを終え、お見送りするところで最後のご挨拶をしようと思ったら、涙がわたしの目、そしてジーンさんの目から同時にぽろぽろと落ちた。悲しくないのになんでだろう、と思っていると、ジーンさんは微笑んでそのままゲートに入っていってしまった。何をどう伝えればいいのかわからない出来事だけれど、わたしにとって実に不思議な体験で、その不思議さは、当時のわたしを驚くほど、軽く自由な気持ちにしてくれた。

とにかく、今回、ナカサトご夫妻に再会できることを楽しみにしてきた。

家の気配

谷をずんずん上がって行くと、一本道を挟んで一軒家が立ち並ぶ住宅地に入っていった。今回カメラマンとして同行しているハワイ在住アーティスト・潮千穂《うしおちほ》さんと一緒に番地を探しながらきっとこの先だと思った直後、先に見える家からぴょんと二人同時に現れた。全身で「ようこそ」と言っているのが伝わる。どちらかというと小柄なお二人だがリズムよく、こちらに手をふっている姿を見て、幸せになった。車を家の前に停めて、わたしと千穂さんが降りていくと、「ようこそ、ようこそ」と言って家に導いてくれた。久々に聞くお二人の声は、やっぱりそんなに大きな声ではないのに、不思議と耳によく通り、その後はすうっと空気に溶けてしまう、そんな不思議な声だった。

家の周辺も大変静かなのだが、お家の中に入るとそこはさらに静寂で、まるで田舎のこぢんまりした教会を思わせるひんやりとした空間だった。全体が真っ白い壁で、入ってすぐのキッチンエリアには天窓がついていて、そこから光がまっすぐに差し込んでいる。天窓の真下に置かれたキッチンテーブルを囲んで座り、私達は話し始めた。

「僕たち二人とも、先祖は沖縄の家系です。祖父の代でハワイに移住してきました」

夫のレスターさんはそう言って、キッチンに飾られた家族写真を指差した。

「私達は今まで一度も日本に行ったことがないの（取材後の二〇一四年には講師として来日）。でも、祖父母が日本語を話していたから、少しだけ聞き取ることはできます。一度も行ったことがないのに、日本のことを想ったり、クリーニングして生きてきました。だから、今こうして日本人のあなた達が家に来てくれたことが、とても当たり前のように感じます」

ジーンさんはそう話しながら、まるで親戚の子供が遊びに来たかのように用意していた色とりどりのお菓子を並べた大皿をせっせとテーブルに運びながら、ほらほらと私達に勧めてくれる。わたしは気づくと完全にくつろいでいた。何にも怖くないし、緊張することはないが、かと言って何をしてもいいという甘えを引き出す、だらだらした場所でもない。

「この二人が耕してきたこの空間が荒らされることはそうそうないよ、だから安心しなよ」と、どこからか声がした気がした。

レスターさんは次から次へと自分たちのそれぞれのお父さんやお母さん、親戚の写真を見せてくれた。

「これはジーンのお父さん、これは僕のおばさん、これはジーンのひいおばあさん、これは僕のお父さん」

ふと気がつくと、ジーンさんは静かに涙をこぼしていた。鼻声にもならず、顔をしかめもせず、ただ、ぴかぴかとしたままあるい穏やかな表情のまま、ぽろりぽろりと涙を流している。

レスターさんが引き続きセピア色の家族写真を私達に見せてくれる中、ジーンさんはまるで独り言のようにこう囁いた。

「みんながほんとうのお家に戻っていく最中なんですね」

「それにしても穏やかなお家ですね」

カメラマンの千穂さんが言った。住宅地であるにもかかわらず、ちょっと乾いたその空気が、この家にさらに静けさを与えているようだ。しかし、実際によくお部屋を見渡してみると、実はにぎやかなモノ達が家には溢れていた。

小さなダルマやミニチュアひな人形、たくさんの妖精のオブジェや人形達、これまたたくさんの鉢植え、何本ものブルーボトル。壁には自然を写した古い写真が掛けられ、クリスタルのようなものが部屋のあちこちで小さく光っている。

この静けさは、寂しい静けさじゃない。声を持たないとわたしが思い込んでいる、いろんな存在の声が聞こえるように、彼らが自由に飛び回れるように、この家の主が整えているんだ。そんなわたしの想像にまるで呼応するように、今度はしっかりみなに聞こえる声でこう言った。

「そう、この家で唯一騒がしいのは夫のレスターよ」

レスターさんは眉をハの字にさせ、肩をちょっとすくめて、笑いながら写真をもとの場所に戻し始めた。ただただそこに座っているだけで、光が溢れ、お菓子のいい匂いがして、すっかり二人の姿に安心させてもらっている自分がいた。すると、ジーンさんは言った。

「私達の家にはいろんなモノがごちゃごちゃあるけれど、平和が日々創作されているの。ここの家にあるすべてのモノ一つひとつが、ホ・オポノポノをしているから。みんな置かれる場所も自分たちで決めているのよ」


レスターさんが小さな大豆に絵付けした豆人形のようなものを指差して言った。

「こんな小さなものにもアイデンティティーがある。僕達が記憶を手放せるようにわざわざ我が家にやってきてくれたのです。僕達とまったく同じように、それぞれが目的を持って、今日この場に存在している。壁に掛かったこの風景写真も今この瞬間ホ・オポノポノをしています」

ジーンさんが言った。

「クリーニングしていると、それぞれのモノ達が、どこが彼らの居場所かを教えてくれる。どこに置かれるべきか、どう扱われるべきか教えてくれる。クリーニングを通して、それを忠実に実行していると、ここには私達二人しか住んでいないにもかかわらず、安らぎとか仲間達との日々の交流を感じるわ」

するとレスターさんがこう加えた。

「ホ・オポノポノと出会って、クリーニングしていたから、彼らの言葉を聞き取れるようになったんだ。もし彼らのこんなにも明るくインスピレーションに満ちた存在を感じることができなかったら、僕達の二人暮らしはちょっと寂しかったかもしれないね」


いつしか、「断捨離」という言葉をよく耳にするようになってから、よくそのほんとうの意味を知らないわたしは、その流行に合わせ、ものをとにかく捨てる、最小限に持つことが美徳だと思ってしまっていたことに気がついた。なんだかわからないが強く惹かれたものでも、無理矢理、「断捨離、断捨離」と言って無視したり、家を一斉に片付けるときも、とにかく、物を減らすことに集中してきた。その直後はすっきりしたけれど、わたしの家の中は、さっぱりというよりも、何かの途中、そんな雰囲気だ。

ホ・オポノポノを通して知り合った建築家の遠藤亘さんが、あるときこんなことを言っていた。

「家を最終的に完成させるのは『気配』です。お母さん的な気配を何となく感じる家、植物や動物の気配でもいいし、何か家がそこにぴったりの気配を持つことができたら、その家は住み心地のいい家だと思います」

もしかしたら、その気配とは、「アイデンティティー」と言い換えられるかもしれない。家にもアイデンティティーがあるとホ・オポノポノでは学ぶ。クリーニングを通して、気配が家で表現されると、それは、物質が多くある、ないにかかわらず、心地好い空間になるのかもしれない。

ナカサトご夫妻の家はまさにそんな感じだ。モノがたくさんあるのに、重くない。むしろ、明るく、空気が動いている。

モーナとの出会い

「レスターはビッグアイランドで、わたしはオアフで生まれ育ったの。お互い成人してからは仕事の都合でマウイに引っ越して、そこでブラインドデート（お見合い）を通して初めて会ったときに、この人と結婚するんだってわかった。二十九歳で結婚して、三十四年になります。結婚して三年後にホ・オポノポノと出会いました」

ジーンさんは話し始めた。

「ある日の朝、『The Maui News』というマウイのローカル新聞の一面に、一人の女性の顔写真が載っていた。モーナよ。彼女の顔を見たとき、会うべき人と会うことができた、となぜか胸がいっぱいになったの。誰かの顔を見ただけで、満たされるような、パズルのピースがはまったような、安心を与えられたのは初めてだった。雑誌や映画を見ても、美しいスター達の顔を見ても、あんな気持ちになったことはなかった。だから、ホ・オポノポノという言葉やそのコンセプトを知る前から、わたしのウニヒピリがわたしに気づかせてくれたんだと思う」

その言葉を聞いたレスターさんが言う。

「僕はそれまで、いろんな神様について書かれている本や精霊についての本をたまに読んでいたんだ。日本の霊性に関する本もたくさん読んだよ。たまにそれらをジーンに薦めても、まるで興味がない顔をして、本を置いていったよ。それなのに、その新聞記事にはモーナが講演会を開くと書かれていて、ジーンに興味があるなら行ってみるか？と聞くと、二つ返事で行くと言った。面白かったよ。だって、そこに書かれていた簡単なホ・オポノポノの紹介記事には、今まで僕がジーンに薦めてきた本なんかよりも、よっぽど不思議なことが書かれていたのにもかかわらず、彼女は自分からそれについて話を聞いてみたいと思っているんだから。驚いたさ」

「土曜の朝、マウイ市の小さな結婚式やパーティーなどを開くためのローカルホールで、その講座は開かれました。会場に入った私達は、すぐに部屋の右端に座っているのがモーナだと気づきました。席を探していると、ちょうど右前方から二番目に二席空いていたので座ることにしました。モーナは瞑想をしているように、目をつぶっていました。そしたらふと目を開けてこちらを見て、にっこりと微笑み『やっと会えたのね』と囁いたような気がしました。まさか、空耳よねと思い直しましたが、ドキドキしていました」

「僕もジーンも、初めてホ・オポノポノを知ったとき、つまり、初めてモーナを目にしたとき、言葉以上に、フィジカルに、自分の奥に訴えかけるものがあった。講座の途中でモーナが『この机を動かしてちょうだい』と突然、僕に頼んできた。テーブルを動かすためにモーナの前に行き、プラスチックでできた軽いはずの簡易テーブルを持ち上げようとしたのだけれど、うんともすんとも動かすことができない。そのとき、モーナは僕の目をじっと見ていました。一瞬、自分のからださえ動かすことができなかった。あとから聞いたのだが、彼女は僕の背後に僕の過去、歴史を見ていたのだそうだ。彼女はそうして、僕という存在を知ったのです」

ジーンさんが口を開いた。

「モーナはそのようにして、出会う相手の過去や歴史を見て、そこからクリーニングを通して関わっていました。彼女は講座が終わって、私達二人に向かってもう一度、『またあなた達にお会いできてとても嬉しいです』と言いました。肉体的には初対面でしたが、過去の歴史の中で私達が出会っていたことを、モーナは見つけたのです。

そのとき、ＳＩＴＨのファウンデーション（基礎）はできておらず、現在のクラスの形もありませんでした。その中でなぜマウイの片田舎で突然講演会をしたのか、モーナは教えてくれました。『今月の中頃にマウイで講座を開きなさい』、ただその言葉が聞こえたのだそうです。モーナは生まれたその日からディヴィニティーから届いたインスピレーションを聞き入れ、実行してきた人間です。モーナが自らマウイ島の市役所に問い合わせたところ、すぐに会場が見つかり、さらには無料で『The Maui News』に案内を掲載してくれることになり、その上取材まで受けることになったと言っていました。

『こういう自然な流れが起きる場所では、再会すべきたましいと出会うようになっている。わたしが個人的に何を必要としているのかは重要ではありませんし、そのときはわからなかった。でも、今わかった』

そう、モーナは言っていました」

ブループリント

レスターさんが続けた。

「モーナはＳＩＴＨの仕組みができるまで、そうして一人でインスピレーションの赴くまま必要な人を集めていたそうです。僕達は講演会に生徒として参加し、その後、アシスタントとしてモーナと活動をともにしたあと、モーナの指導を受け、後にジーンはクラスのトレーナーになり、僕はスタッフとしてそのサポートを続けています。ＫＲやイハレアカラともその中で出会いました。

いやあ、モーナを見ていていつも不思議だった。ものすごく突拍子もないことを言ったり、突然居眠りを始めたり、自由そのものを生きていたのに、彼女を表すのに最適な言葉は『エレガンス（優美さ）』だ、とみなが思っていた。まるで森の中に咲く白く光った野生の蘭のように、いつも彼女もそして彼女の周りも最上のものを感じさせた。

彼女は社会が創りだした価値観から限りなく自由に生きているはずなのに、彼女の手先、足取り、着こなし、しゃべり方はいつでも人間とはこんなふうに美しくいられるんだ、と感動させられるほどだったよ。

あるときこんなことがあったよ。よくクラスに参加する女性が、モーナのことが大好きで、『あなたはほんとうに素敵。あなたのようなしゃべり方になりたい』と言ったんだ。そしたらモーナは穏やかに、しかし、はっきりと、こう言った。

『何を言っているの。誰かの声みたいになりたいだなんて。この声はわたしだけのもの。あなたにはあなたのブループリントがあるのです。そこをずれては、絶対にいけませんよ』

もしかしたら、その女性はただモーナの声をほめるつもりで言ったのかもしれないけれど、モーナはとても真剣だった」

「ブループリントとはなんですか?」

わたしがレスターさんに尋ねると、ジーンさんが答えてくれた。

「ブループリントとは、建設物なんかの計画図、設計図をさす言葉です。でも、SITHでお話しするブループリントとは、ディヴィニティーがあなたという存在にもともと与えている才能や目的のこと。そして、それは人間、動植物、鉱物、原子、分子を持つあらゆる存在に与えられています。それぞれに特別な地図を与えられています。

ディヴィニティーがあなたに与えた才能、特性、すべてのことをブループリントと言います。行くべき場所、成すべき仕事、出会うべき人、食べるもの、そういった細かいことまで書かれている。身につける色とか、出会うべき本、きっとそんなことまでね。このブループリントとは、私達それぞれに、人間だけではなくて、植物や椅子、動物や石にもあります。置かれるべき場所、花を咲かせる季節、そういうこともすべてブループリントに載っています。

それを私達は、才能とか個性と呼べるかもしれないけれど、私達が常識として知っているような才能ではありません。それはユニバーサルで完璧な計画。だから、あなたがもしも、ほんとうは黒髪じゃなくて金髪が良かった、と思うとしたら、あなたがあなたのブループリントを気に入らない、という意味になるかと言ったらそうではない。それは単にあなたの中で記憶が再生されている証拠なの。今あるあなたのユニークな外見を好きになれないとしたら、記憶が表面に浮き上がっている、そういう意味です。だからそれをクリーニングすれば、あなたはまたブループリントがあなたを導いてくれる完璧なインスピレーションの道に戻っていける。

記憶をクリーニングすることで実際に容姿が変化する人もいます。記憶をクリーニングすればするほど、あなたはよりクリアに自分自身のブループリントを自然と生きることができるのです。記憶が現実を創りあげているように、あなたの姿形も記憶が表現されたものです。

でもクリーニングすれば、世間で言われている美女に突然なりますよ！　とホ・オポノポノが言っているわけでもないわ。わたしは昔友人に薦められて、ハワイのある人気のスポーツドクターのもとに診療を受けに行ったの。太りすぎだと友人に言われたから気になってしまって。それで、そのお医者様にも案の定体重が平均よりもだいぶ重いから、あなたはこのままだと数年以内に死の危険があります、と断言されたの。売れっ子のドクターで、わたしもどこかで気にしていたことだから怖くなってしまって、そこからジムに毎週通うことにしました。そんなある日、モーナとたまたま会ったときに、会って早々わたしにこう言いました。

『あなたが今していることをウニヒピリに相談したの？　一番大切なことは、あなたの内なる子供が安全を感じ、愛を感じる環境を提供してあげることです。あなたにとって完璧なからだと他にとってのそれは違うのです。あなたのブループリントはあなただけのものなのよ』

そう言われて気づきました。わたしは運動、ダイエットを死への恐怖から行っていたということを。つまり、すべてはウニヒピリが見せてくれる記憶だったんです。『太りすぎ』『友人が薦めてくれた売れっ子の医者からの痛烈なひとこと』『あまり好きな環境ではないジム』『こころを満たさないサプリメントたち』。これらすべて、わたしのウニヒピリがわたしの記憶を見せるために、起こしてくれたことなんだと。そこから、また改めてクリーニングを始めて、ジムではなく、食事制限もサプリメントもやめて、好きなものをウニヒピリと相談しながら食べるようにしました。

実際見た目はこの通り、でも、わたしはこのふっくらした柔らかい自分がとても心地いいの。この自分が他者と関わっているとき、なんだかあたたかい、大きな気持ちでいられる、ということに気づきました。長年膝を痛めていたんだけれど、ウォーキングのおかげで痛みがなくなりました。今の自分のからだがウニヒピリと自分にとってのサンクチュアリーであると感じています。

あなたがブループリントを生きているとき、つまり記憶から自由な状態であるほんとうの自分を生きているとき、そのあなたの容姿には綺麗だとか醜いだとかという判断はありません。あるのはただインスピレーションだけ。あなたの姿を見て、インスピレーションを取り戻す存在がいます。

それは、からだのあらゆる働きにも言えることです。障害を持っている人に対して、私達が持つあらゆる判断をクリーニングしたとき、または本人がクリーニングしたとき、ほんとうの目的が達成されます。それでさえ、宇宙にとっては貴重な唯一無二の特性であるとモーナはいつも言っていました」

わたしは、母とのある出来事を思い出していた。中学一年生のとき、母と二人、急ぎ足で広尾の商店街を歩いていた。わたしが遅刻をして、母はとても怒っていた。当時の母は仕事がとても忙しく、今本人が振り返ってみても「あのときはほんとうに余裕がなかった、苦しかった」と言うほど、いつもキリキリしていてヒステリックで、正直に言うとわたしにとっては怖い母親だった。

私達二人は、待ち合わせをして今度住む家の下見に行く途中だった。広尾の交差点について、もうすぐ信号が赤から青に変わろうとしたとき、そばにいた一人の目の不自由な若い女性が目に入った。そのとき交差点にはたくさんの人がいて、彼女は杖を突きながらも、どうにか人と人との間に身を置いている、そんな様子だった。わたしは心の中で、大変だろうな、誰かにぶつからないといいなと、そわそわした気持ちでちらっと眺めては、こんな急いでいるときに構っていられないと、見て見ぬふりをした。そして次の瞬間、信号が青になって進もうとしたとき、母が人をかき分け、突然その女性の手を握ったのだ。母はその小柄な女性の手をひいて、ゆっくりゆっくり信号を渡っている。わたしはその後ろにただ付いていった。信号はほんの二十五メートルくらいの短いものだったが、すぐそばにある地下鉄の入り口に信号を渡っていったたくさんの人が流れ込むのを少し待った。場所が少し空いてから、その女性はさっぱりとした笑顔で、「ありがとうございます」とこくりと会釈をして、そのまま私達が向かっている方向とは別の道をまっすぐ、ゆっくり歩いていった。

わたしはなんとなく母にお礼を言おうと、母の顔を見上げてみると、母はさっきまでのイライラした表情が消え、そのかわり、赤ちゃんのような無垢な顔でぽかんとしていた。そして母はわたしを抱きしめて、こう言った。

「あの人は天使だった。守られたのはわたしのほうだったよ。彼女の手から、ずっとあたたかい生きる力を注がれた気がするよ。アイリーン、ごめんね。わたしほんとうに余裕がなかったんだ」

わたしの大好きな母の純粋な少女のような顔を久しぶりに見ることができて、わたしはただただ嬉しかった。母とあの女性の間で一体何が起きたのかは、わからない。でも、わたしの目には、目が不自由で社会から置き去りにされてしまっているように映ったその女性が、実はそのときその場にいた誰よりも豊かで神秘に満ち、たまたまそこに居合わせたちょっとアンハッピーな母娘の状態をがらりと変えてくれるほどの偉大な存在だったのだ。

インスピレーションを生きる

ジーンさんは続けた。

「クリーニングによって、あなたの記憶がゼロで、記憶に塞がれていないとき、あなたはその緻密な設計図の上で、その才能、目的を生きます。つまり、インスピレーションを生きる、という状態ね。なぜこのことが大事かというと、それがあなたがこの世に生まれてきた意味でもあるから。だから、ホ・オポノポノで学ぶ、『インスピレーションを生きる』ということは、滅多に起きないこと、実現が難しいことだと思う人が多いけれど、本来、あなたはインスピレーションを生きるようにしか用意されていないのよ。そうできなくさせているのは、『記憶』がブループリントを乗っ取ってしまっているから。

あなたにもともと用意された素晴らしい道では、完璧なタイミングで完璧な人やアイディア、豊かさと出会えます。しかし、いつのまにか、そこには古いがらくたやゴミが溢れ返ってしまって、それらが見えない、探せない。苦しいからあなたは違う道を通ろうとするんだけれど、記憶はそこいら中に溢れ返っていて、とうとう迷子になってしまう、そんな状態が普段、問題を体験しているときです。

そうするとあなたは、本来の完璧な状態からずれてしまっているから、インスピレーションを体験できないの。でも、私達はクリーニングを通して、その設計図にまた戻ることが可能です。

自分のブループリントは、一枚の紙切れに収まってしまうような他から分断された、単純なものではないの。それは絶えずリズムを持って宇宙全体の計画とつながっているの。それぞれがそのブループリントにある才能を生きているとき、あなたは完全を体験するし、宇宙は完璧なバランスで回りだすの。雨や土、カタツムリや鳥にだってブループリントは用意されている。だから、あなたと『雨』もどこかでつながっている。この宇宙を織りなすすべてが、それぞれブループリントを持ち、それぞれが密接に関わっています」

レスターさんが思い出すようにゆっくり話し出した。

「モーナはよく、クラスの中で、人を許せず恨み続けている人たちにこう言っていました。

『あなたがこれまで体験した怒り、恨みをここでクリーニングしないことで、地球の裏側に住んでいるある一人の女性がとても困難な出産を強いられることになるかもしれません』

こう言うと大抵の人がぎょっとします。何がどう関係してそうなるの？　ってね。でも、今ジーンが話したように、もしも宇宙全体で見たときに、雨のひとしずくさえ、あなたと関わっているとしたら、怒りという記憶をいつまでもあなたが抱えたままでいるときに、宇宙のどこかの誰かがその完全なバランスを失ってしまう、絶妙な歯車が噛み合わなくなってしまう、と思わないかい？」

もちろん、わたしはわたしの怒りが会ったことのない人や行ったことのない土地とどう関わっているのか、説明することはできないし、頭ではわからない。しかし、ホ・オポノポノを始めてから、例えば恋愛の問題でクリーニングしていたら、仕事で素晴らしいチャンスが巡ってきたり、家族の心配事をクリーニングしていたら、会いたいと願っていた人と偶然、しかも最高のタイミングで会うことになったり、飛行機で感じたストレスをクリーニングしていたら、降りたあとのエントランスで一日最高の気分でいられるような素晴らしい瞬間を目撃したり、そういう小さい規模で自分が体験できるようなことが数えきれないほど起きるようになっていた。

もしかしたら人は、それは単なる偶然で、あなたがポジティブな状態だからそう思えるんだ、と言うかもしれない。もしかしたら、そうかもしれない。でも、わたしにとって重要なことは「自由」になることだ。「記憶」から解放されて、モーナがおっしゃったようなほんとうの自分の計画を生きていく以上に大切なことってあるだろうか？　それよりも、自分の不幸の原因を理屈で説明できる賢さのほうが大切だと言えるだろうか。

わたしは前者を選択したい。実際のところ、わたしには何が起きているのかはわからない。しかし、わたしの中の記憶、ゴミをお掃除すればするほど、わたしはわたしの道を取り戻し、わたしが暮らすこの宇宙が正しいバランスで動いている、そのことがわたしにとって何よりも貴重な、生きていくためのヒントなのだ。

判断からの自由

ジーンさんがこう話し始めた。

『わたし』は三つのセルフから成り立っている、とホ・オポノポノでは学びますよね(三四四ページ参照)。ウニヒピリ、ウハネ、アウマクア。この構成そのものもブループリントです。これが基本です。その中で、みなそれぞれにユニークな違いや個性があります。

例えば、みながみな、誰かのお世話をするのが得意ってわけではないですよね。みながみな、それを上手にできるわけではないです。例えば、わたしはどちらかと言うと、家族に病人がいるとき、その介護をすることに対して、とてもうまく立ち回れていると思います。何をどうすればいいのか、自然とわかるし、行動することに何の躊躇もありません。でも、レスターのお姉さんはそうではないの。彼女は自分のお父さんが入院しているときも、わたしが義父を介護している間、介護らしい介護はあまりできませんでした。もちろんお願いしたら、いろいろなことを手伝ってくれます。彼女の得意分野は、動物や虫と会話をすることです。いつも自分が飼っている動物や虫類の他、野良猫や野良犬の世話をよくしています。それが彼女の得意分野なの。わたしと彼女は異なる特性を持っています」

ジーンさんがその話をしているときに、ほんの一瞬でも、自分だけ人よりも多く仕事をしているとか、義姉に負担を強いられているとか、どちらが優れていて、どちらが損をしているとか、そういうニュアンスが一切感じられないことに、正直驚いていた。あまり介護が得意ではないという、その会ったことがない女性が一体どんな女性なのか、そのことを想像するひまもなく、わたしの頭では早速、ああ大変な義理のお姉さんを持たれているんだな、とこころの中で感想や判断を思い浮かべていた。

「介護」という言葉を聞いたときに、弱っている人がいたら、それをケアするのは当然で、もししないとしたら、その人はとんでもなくひどい人で、特に近親者が一番にそれをするべきだとか、そういった、いつの間にか溜め込んできた常識みたいなものが自分の中に溢れているということにも気がついた。

ジーンさんの会話を聞いているうちに、自分の中の錆び付いた記憶が、まるで手で触れられるように感じられた。「愛しています。愛しています」。そうクリーニングしてみて気づいた。ああ、わたしはこういうことからほんとうに自由になりたいんだな、と。

レスターさんがこう話してくれた。

「みながみな人前に立って話すのが得意なわけではないのと同じように、アーティストだってみながそれぞれ違います。みなが同じ色を使って、同じ線を引くわけではないのと同じように。植物の形が無限に異なるように、ある花は良い香りを漂わせるのに、ある草は毒を持ち、トゲを持っている。でも、彼らがブループリントをまっすぐに生きることで、この宇宙を毎日動かすほどのパワーを持っている。

人間だってほんとうはそうなんだ。みなが同じものを好きだったり、同じ、髪質、足の長さや歯の並び方、生活の仕方ではない、という事実は、実はいのちを輝かせ、何かを日々生み出している。目には見えないし、そう思えない出来事やニュースのほうが多いよね。でも、それは全部、僕の中にある記憶。少しずつ、宇宙が始まった頃から積もらせてきた記憶なんだとホ・オポノポノで学んだんだ。

それから、ますます自分のすることがシンプルに好きになっていった。仕事は公務員をしているんだけれど、趣味は皮を鞣《なめ》す（レザー加工）ことなんだ。地味な作業だけれど、僕はこれをしているとき幸せなんだ。生き物の皮を慎重に丁寧に扱っていると、自分の中のいろいろなものが湧き出てきて、そのうちにまだ会ったことがない生き物や建物、言語に触れているような気さえしてくる。

でも、こういったことはほんとうに僕がホ・オポノポノと出会って、自分の記憶をお掃除していったところから始まったんだよ。クリーニングしていくとウニヒピリという内なる子供と日々関わっていくようになる。クリーニングをする度に、その存在の感覚をどんどん取り戻す。だから、僕がもう何十年も続けている仕事や地味な趣味なんかも、何一つ同じことの繰り返しだと思ったことがないんだよ。

ウニヒピリと僕が二人でこの舞台から大きな宇宙を見渡しているような、そんな大きな気持ちにふとつながることさえあるよ。ブループリントを数式で説明することはできないけれど、それを生きるとは、ほんとうに素晴らしい体験だということは僕にはわかるような気がするんだ」

人を羨《うらや》む気持ち

次にジーンさんが語り始めた。

「あるときフロリダからホ・オポノポノのクラスを受けに来た女性がいたの。とある大企業のCEOを長年務める、いわゆるエリートでした。ところがクラスを受講後すぐに彼女は仕事を辞めてしまったの。そして花屋を開業したのよ。なんのバックアップも知識もなかったのだけれど、流れるようにして、彼女はたちまちそれをスタートさせました。彼女はこう言ったの。

『なんだかわからないけれど、大丈夫よ。何をすべきかなぜかはっきりと目の前に現れるし、何よりも花がわたしに話しかけてくれているのが、今ならはっきりとわかるようになった』

彼女は今では生花業界で、毎年百万ドルのビジネスを築き上げるようになりました。ときにはこのように、クリーニングをしていると、ふと物事に変化を起こすタイミングがやってくる人もいます。でも、これもまたあなたがどちらを好きかというよりも、いまの自分をクリーニングしていくうちに、ブループリントに戻るから起きることですよね」

レスターさんが語り始めた。

「思考ばかりに頼っていると、インスピレーションをブロックしてしまうんだよ。本来の仕事に目が向かないか、それとも、今の仕事の中にある宝を見出せないか。だから、ウニヒピリとの日々の会話が大切になってくる。

『いま君はハッピーかい？』

それを日々いろんな場面で聞いてやる。そうすると、感覚で、いや幸せじゃない、むしろストレスだと感じるとしたら、それをまず丁寧にクリーニングしていく。幸せだ！と体験するとしても、同じことをする。その体験に『愛しています』とクリーニングしていく。

それを続けていくと、あなたが気づかなくても、記憶のチリが少しずつお掃除され、またインスピレーションが流れてくるときがやってくるよ。ウニヒピリがいつだって鍵さ。ウニヒピリと良いコミュニケーションがとれている、つまり、あなたが自分の内側のもう一人の自分であるウニヒピリを気にかけてあげれば、ディヴィニティーのフロー（流れ）に戻っていける。何度も言うけれど、ディヴィニティーはあなたの召し使いじゃないってことを覚えておくといいよ。ディヴィニティーはあなたのいのちに一番ふさわしい流れを知っている。期待は記憶だよ。記憶をそのままにしていたら、また迷子になるだけさ。でも、いつだってどんなときだって、ホ・オポノポノで探していた道が見つかるときがやってくる」

ジーンさんが付け加えた。

「人生の中では、この結果は何？　なんで彼は億万長者なのに、わたしはそうならなかったの？　って思うことだって、そりゃきっとあるわよ。記憶は『期待』という形で何度だって現れてくる」

レスターさんとジーンさんは、交互にテンポよく話す。でも、それはまるで、相手が話すことを聞きながら、今の自分がクリーニングとともにいるのか、それとも記憶から話しているのか確認し合う作業のように見えた。すべては自分の中にあって、相手の話すことの中に自分を一つひとつ見つけるような、探検家のように確かでわくわくした感じがそこにはあった。

レスターさんが言う。

「人との比較は果てしない。でも、ほんとうは自分が誰かと比較しているわけじゃないんだ。ブループリントから外れてしまったから、自分から分離してしまった状態なんだ。モーナは言っていた。

『誰かを羨む、嫉妬するという状態は、からだを失ったゴーストのようになった、たましいの状態です』

と。この世界で自分の役割を全うするには、からだが必要になる。だから、ホ・オポノポノは有効だよ。からだ、たましい、スピリチュアルのバランスを整えるプロセスだから」

人を羨ましいと思う気持ちはわたしにとって、自分でいて心地好い、自分らしくいられる感覚よりも馴染み深い感覚だ。まずは小さな頃から学校で、同じペースで学び、同じ時期に同じ量の勉強をすることを覚えさせられる。だから、わたしよりも早く九九を覚えられる友達が羨ましかった。

そこから始まり、恋愛、仕事、友情、家族、金銭、いろんな場面でいろいろな人を羨ましがってきたけれど、そのときのわたしは家を失ったたましいだったのだと思い、今ここでまたクリーニングを始める。すると、ほんとうにふっと、足の裏が大地にしっかりついている気持ちになってくる。

ディヴィニティーのあしあと

ジーンさんが続ける。

「自分のブループリントを知ることで、あなたは相手のブループリントを知ることができます。どんな存在にも、その人、そのもののオリジナルなブループリントがあると知っていることは、とても大事なことよ。

それはあなたにこころの広い人間になりなさいと言っているわけではないの。あなたが相手にもブループリントがあるということを知れば、ディヴィニティーであるもの同士の関わりを取り戻し、彼らが持つ才能をあなたが最大限に享受できるようになる。

記憶から相手を見るとどうしたって、相手に理想を求めてしまいます。どんなに相手が素晴らしい働きを行っても、せっかく二人の素晴らしいフローが起きたとしても、あなたがそこで、『ああ、でもこの人は、こういうときはマナーが悪いから、やっぱり完璧じゃない。だから好きではない』と思った瞬間に、相手の才能をあなたが受け取ることはできなくなる。同時にあなたの素晴らしさも輝きも、あなた自身の記憶によってブロックされてしまう。

例えば、あなたがどんなに素晴らしいことをホ・オポノポノで学んだとしても、その過程で何かひっかかること、何か気に入らないことを見つけ、それをクリーニングしないままでいれば、あなたはその本質を享受できないのと同じ。

せっかくこの人は、あなたのブループリントにとって流れを生み出すために必要不可欠な存在だったのにもかかわらず、『いや、この人はすごくぶしつけなところがあるから、好きじゃない』って思うと、あなたの道は開いていかない。

どんな存在も、あなたの記憶に好かれるか、好かれないかが目的ではないわよね。もっと大事な役目がある。それでいいの」

わたしは仕事で台湾に暮らすようになってから、まるっきり新しい人たちと出会うことが増えた。日本にいるときは、ほとんどが、友達の友達とか、親戚のつながりとか、仕事で何度かお会いしてとか、つながりがつながりを運んでいるので、そこまで大きな躊躇を持たず、人付き合いをしてきた。自分でも自分のことを、まあまあオープンな人間だと思っていたつもりだった。

しかし、台湾では、そうはいかなかった。もちろん素晴らしい出会いにも恵まれるが、まったくお互いのバックグラウンドを知らない者同士が初めて関わり始めるとき、いちいち自分の好きなものとか、そういったことを伝えないと、うまくいかない気がして、それを一生懸命しようとすると、がっくりと疲れる。だから、人と会うことがしんどいと感じることが増えていった。

あるとき、日本でヒューレン博士にそんなことを話したことがある。博士は言った。

「あなたにとってふさわしい人は、ディヴィニティーが用意してくれているんだよ。あなたが自由になれるように、あなたが本来の自分に戻っていけるように、そのきっかけを与えてくれる人をディヴィニティーは用意してくれている。すべてはあなたにとっての最高のカスタムメイドだよ」

そのときのわたしは、会う人会う人に判断を重ね、自分にとってぴったりの友達ができないと嘆き、さらに頑《かたく》なになっていた。博士にそう言われたときも、最近会った人たちとのあれこれを思い出し、あの人が自分にとってふさわしいなんて信じたくないし、これがわたしのカスタムメイドの人間関係だなんて、苦しすぎる！　とさらに心の中で嘆いてしまった。そんなわたしの内側の様子を見てとったのか、博士はこう続けた。

「記憶は毒だよ。あなたがどんな場所や環境にいようと、内側で光を目にすることができないとしたら、それはあなたが記憶中毒になっている証拠だよ。そんなときは、今いる場所でクリーニングを通して、ディヴィニティーのあしあとを探してごらん。またきっとあなたの道に戻ることができるよ」

そう言われて、わたしは素直にクリーニングしてみることにした。今いる場所で、台湾で期待通りの人間関係を作り出せない自分に対する苛立ち、いま目の前に博士がいるのにもかかわらず、それよりも遠い台湾での自分を嘆いていることの惨めさ、そんなことを一つひとつクリーニングしていった。頭がざわざわしてくる度に「ありがとう。ごめんなさい。許してください。愛しています」、胸が痛む度に「アイスブルー」（三五八ページ参照）。

そうしているうちに、だんだんと心は落ち着き、ふとあるものが目に入った。そのときは博士と二人で、ホテルのロビーの椅子に腰掛けて、誰かを待っていたのだが、目の前のテーブルには一輪挿しが飾ってあった。ちょうどわたしたちが腰掛けたときに目にしたその花は小さな蕾《つぼみ》だったのを覚えている。でも、今わたしの目の前にある同じ一輪挿しの花はぱかっと開いているではないか。それはピンクのコスモスでわたしに顔を向けて揺れているように見えた。それは、わたしの内側の変化の瞬間で、博士が言う、ディヴィニティーのあしあとを見つけられた瞬間でもあった。

その夜、爽やかな気持ちで家に戻ってメールを確認してみると、台湾に住む婚約者の彼からメールが届いていた。「アイリーンが好きそうな素敵なカフェを見つけたよ！」

といくつものカフェのリストがそこには書かれていた。台湾でたまに会うようになった友人からもメールが来ていて、日本の有名なイラストレーターの展示会に行って、とても楽しかったこと、そこでわたしを思い出して、早く会いたいと思っていることが書かれていた。わたしはそれらを読みながら、単純に無邪気な気持ちでまるで小学生の頃、翌日友達と会うのが楽しみで仕方がないような気持ちになっていた。わたしが記憶中毒から解放され、台湾で与えられている素晴らしい、わたしにとって完璧なカスタムメイドの人間関係にこころから祝福できた出来事だ。

わたしの記憶は、まだまだこれからも、一生懸命わたしに話しかけ続けるだろう。理想の人はこういう人で、そんな人たちが周りにいないと幸せにはなれない、と。でも、ホ・オポノポノがわたしに見せてくれている、わたしの新しい人生では、こう言っているのだ。わたしがたまたま出会ったと思っているこの人も、必然的に出会ったと思っているこの人も、わたしがほんとうの自分を取り戻して、生きていくために現れてくれた貴重な存在。これだけ大きな宇宙の中で絶妙なバランスで、お互いがお互いの才能を表現するために出会わされた、貴重な存在なんだ、と。

これらの関係がどこでどうなるかはわからない。でも、わたしにとってのカスタムメイドの関係性ならばクリーニングして、お互いが自由になっていくことが最大の目的だ。日本だろうと、台湾であろうと、ハワイであろうと、それは変わらない。いま目の前にいるジーンさん、レスターさん、千穂さんも、この瞬間、わたしがわたしの重い記憶を手放すチャンスを与えに来てくれた人たちだ。

変革

ジーンさんはゆっくりと話を続けた。

「彼女が話す単語すべてが、わたしにとって未知の内容でした。例えば、transmute『変革』という言葉です。『変革』とは、何かが形を変えていくという意味だと認識していたけれど、モーナは講演の中でそれをこう説明しました。何か一つのことに変革が起きているように私達の目に映るとき、同時に必ずその対になるものが世界のどこか、宇宙のどこかでも変革を起こしている。人は良いこと、悪いことのどちらかでものを判断するでしょう。良いものが悪くなっていくのも変革だし、悪いものが良く現れていくのも変革です。

しかし、そこでモーナが話すことには続きがあります。ほんとうの変革というのは、必ず対で現れてくるということです。良い部分と悪い部分、陰と陽、さらには私達がとらえきれない世界の法則の中で対立していることが同時に変革を起こすということを話しました。エネルギーとして見ていくと、それらはどちらも上昇して、最終的に意識が解放されたときに、そのどちらもが光に戻るのだと。だから、宇宙はいつも平等に巡っていると言っていた。私達の目にどんなに不平等、不均衡だと映っても、私達の頭ではとらえきれない法則が働いている。だからこそ、私達のこころが判断する、からだが体験する一つひとつをクリーニングして、バランスを取り戻す、そして、留まった意識を解放することを続ける。

反対にこの法則がなされていないとき、表面的に問題が解決しているように見えても実際には解決していないともモーナは日頃繰り返していました。今だから、それを体感としてとらえることができるのだけれど、初めて彼女の講演を聞いたときは、はっきり言ってちんぷんかんぷんでした」

そう言って、ジーンさんとレスターさんは当時の自分たちを懐かしむように、くすくすと笑った。ジーンさんのお話を聞いていて、なぜヒューレン博士やKRさんが日々好きなこと、楽しいこと、嬉しいこともクリーニングすることが大切だと口を酸っぱくして言うのか、そのとき少しわかったような気がした。

わたしはホ・オポノポノを知った当初、なぜ楽しいことや好きなこと、自分にとってポジティブな要素のあることをクリーニングするのか、意味がわからず、忘れてしまい、あまりホ・オポノポノを実践せずにいた。でも、大好きな友達と会う予定があったとき、その日は朝から上機嫌で、あんな話、こんな話をしよう、すごく彼女と気が合うから、毎回会うのは楽しい、今日も楽しみだ！　と興奮していた。好きな人と会うのだから、もちろんクリーニングなどしなかった。楽しいことだから、好きな人だから。そこで、彼女と会い、同じようなテンションで数時間を共にした。気持ちは高ぶったままだったが、状況にこころがついていっていないような感覚を感じた。この浮ついた感じを虚しく感じたりした。笑顔でお別れをしたが、一人になった帰り道、何か満たされない疲れ果てた自分が残っていた。そのときにはっとした。何が起きているのかはわからないんだ。わたしの「好き！」の裏にどんな記憶が隠されているのかは、わたしにはわからない。わたしはこの友達は大好き！　だから、この時間は素晴らしい時間！　と初めから決めてしまったから、その友達がどんな状態だったのか、会ったあと、それを実体として感じることさえできない。それが自分をさみしくさせていたんだ、と気づいた。そこからもちろん、その体験をクリーニングした。わたしはそれ以来、できるだけ、好きだな、幸せだなと思う体験もクリーニングするようにしている。

ジーンさんはこう続けた。

「でもね、どんなにそのときちんぷんかんぷんでも、わたしはモーナが話すその『変革』という言葉に惹かれたの。誰かの力によって問題がなくなるのでも、問題が解決されるのでもなく、問題として現れていたものはその本来の法則を取り戻し、変革され、光に戻っていくということに、なぜだかわたしは全身で感動してしまったの」

レスターさんが思い出すように話し始めた。

『問題が起こるところにも、喜びが生まれるところにも、わたしとディヴィニティー、この二つしかいない。変革を起こしてくれるのは、ディヴィニティーであり、どんなときでも本来自分と普遍につながりがある唯一の存在。すべて無条件で包括し、ただただあらゆる存在を巡らし続けている存在。そこで私達のすべきことは、日々体験する記憶の再生に向けてクリーニングし、本来のつながりを取り戻すこと。そうすれば、変革をお願いすることができる』

とモーナはそのとき話していたよ。

どこにいても、何を生業《なりわい》にしていても、どんな家族のもとに生まれようと、どんなからだを持っていようと、この作業を繰り返すことで、本来の自分、つまりセルフ・アイデンティティーを記憶から掘り出すことができるのだと。

僕はそのとき結婚もして、生活を支える仕事に打ち込み、これを繰り返すことが最重要事項であると自分を鼓舞し続けていた。でも、モーナは言ったんだ。

『どんなときであっても、自分を取り戻すこと、記憶からたましいをもとの完璧な状態に戻すことが何よりも大切なこと』

だと。その姿は今でもはっきりと覚えているよ」

救うのは自分

ヒューレン博士がなぜ、わたしをこの旅に導いてくれたのかが、そのときハッとわかった。彼らの中にモーナが日々触れていたディヴィニティーとの対話が息づいている。そして何よりも、この頭でっかちなわたしに、こんなに正直に彼らのそれぞれのホ・オポノポノ ライフを見せてくれることで、わたしはわたしが「ホ・オポノポノを知っている」ということからさえ解放され、今この瞬間実践しているか、していないかという、基本の状態に戻ることができる。

わたしはそのとき翌年に結婚を控えており、クリーニングを通して、それまでの恋愛では体験したことのないような安心や思いやりを与えてくれる彼を愛していたし、そんな人と結婚できることも、そしてそれを周りの人々が祝福してくれていることにも感動していた。ホ・オポノポノを続けてきたからこそたどり着いた素晴らしい出来事の一つだ。

しかし、今の変革のお話を聞いて、ああ、わたしは結婚が決まったことがゴールで、そのあとのことをあまりクリーニングしていなかったなと気づき、二人にこう質問してみた。

「わたしは来年結婚することが決まっています。好きな相手なので嬉しいです。でも、結婚が決まってから今日まで、そのことのクリーニングを忘れていたし、そうしたら結構不安や焦りみたいなものがあることに気づきました。素晴らしい相手ですが、自分にとってふさわしいのかどうか、結婚して幸せになれるのか、正直自信がありません」

少し間を置いてからジーンさんが話してくれた。

「自分にとってふさわしい人といれば幸せになれるはずだ、というのはほとんどの人が持っている期待だと思うの。そして、そう自然と出てくる期待が悪いということでもありません。でもね、私達は自分にとってふさわしい人が誰か、ということはほんとうの意味ではわからないのよ。例えば、特別なお祝いのときにこんなサプライズをしてくれる、こんなプレゼントを与えてくれるということから、あなたが自分の幸せを計っているのだとしたら、それは決してあなたの幸せと直結していることではないから。

こんな家に住まわせてくれること、車を買ってくれること、自分の両親をこんなふうに扱ってくれる人が良いパートナーなんだとあなたが思っていたとしても、それはあなたが思っていることではなく、記憶が見せていることなの。つまり、あなたが過去に満たされなかった思いや、社会からないがしろにされたという記憶から来るものかもしれないということ。

だから、そんな状態でもしも理想のパートナーと結婚して、あなたがいくら一生懸命家事をしたとしても、あなたと相手のウニヒピリの間では嘘がないから、相手のウニヒピリはあなたのその壮大な記憶を見ている。それはもはや愛ではなく、恐れや執着に近いものだから、相手はあなたの家事に愛ではなく恐れを感じるようになる。そういうことが夫婦の間で繰り返される争いなんだとモーナは言っていたわ。

だからこそ、何よりもまず、あなたが自分を取り戻すことが大切。『まずは自分を救いなさい』と、モーナはいつも言っていた。私達がクリーニングしない状態でいるとき、今まで溜め込んできた記憶をたまたま出会った人々に吹き込んで、記憶の操り人形のようにして、また再度記憶を見ているような状態なんです。

なぜこんな人と結婚してしまったのだろう、なんでこんな家族なんだろう、なぜこんな友達しかいないんだろう、そう思ったとしたら、まずは自分の中にある期待、理想、恐れをクリーニングしてみること。ほんとうはそれぞれが自由な存在のはずなのに、あなたがあなたの周りにいる人や環境に過去の映像を流し込み動かしている。だからどんなときもまず自分自身に尋ねます。

『わたしの中の一体何がこの現象を生み出しているの？』って。答えなんてわかる必要はないの。ただ、繰り返し自分に質問することで、相手を判断するサイクルから抜け出すことができます。自分の両親を悪く言った。お金をたくさん使う。趣味の合わない音楽ばかりかける。好きじゃないお土産を買ってくる。なんだって出てくる体験や思いをクリーニングして、一つひとつ言葉にしたり行動していく。そして、どこにたどり着くか見てみるの。きっと何かが変わってくるわ」

レスターさんが付け加えた。

「いったん『一体何が起きているんだろう。いま自分は何を見ているんだろう』と一歩内側に足を伸ばせば、そこから変革は起きてくる。自分を今まで縛り付けてきた判断や思考から自分を解き放つことのできる、パワフルな一歩だ」

ジーンさんは続けた。

「なんで人は結婚するのだと思う？　社会的に認められるため？　相手のことを愛しているから？　モーナは言っていた。私達が結婚をする理由は相手と自分の間にアカコード（記憶からつながる縁）があるからだと。一人の人間を不自由にさせるアカコードから、この結婚生活を通して自由を取り戻すために結婚するのだと。

つまり、結婚を決断するとしたら、結婚生活を通して、自由、自分を取り戻すことがほんとうの目的で、結婚をしない、またはできないとしたら、その体験を通して、ほんとうの自分を見つける必要があるからなのだと言っていました。あなたには結婚を通してクリーニングできることがあるということです。あなたの結婚相手はあなたにとってのディヴァインパートナー（ディヴィニティーがあなたに与えてくれるブループリント上で出会うパートナー）。クリーニングのチャンスを与えに来てくれたかけがえのない存在です。ほんとうの自由を取り戻すために結婚するのよ。

モーナはいつも言っていました。

『あなたのウニヒピリが幸せを体験していれば、あなたが結婚していようといまいと、離婚しようとしまいと、子供がいようといまいと、この宇宙ですべきあなただけの仕事を通して、あらゆるいのちとつながり、そして日々いのちを生みだしているのよ』」

レスターさんが語り始めた。

「当時、まだ結婚して間もない僕達夫婦にモーナはこんなことを言ったよ。男女にかかわらず、幸せになるためのパートナーを求めているとしたら、その唯一の方法は『自分でいること』だとね。自分自身でいることにいつでもＯＫでいられるように、常に内省し、外でも細かく実行していくことだ。あなたが自分でいるとき、あなたをとりまくすべての存在が、それを取り戻すわけだから、平和が残る。もし不調和があるとしたら、あなたがあなたを生きること、そこに記憶がないか、澱《よど》みがないか、細かくまたクリーニングしていけばいい。クリーニングして喧嘩もして、クリーニングしてまた許す。ホ・オポノポノは何かをやめるために行うことじゃないんだ。本来あったものを浮かび上がらせ、それを解放すること。ある人はお金のために結婚するのかもしれない。本人さえそのことに気づいていない場合もある。でもそのことが悪いことだとホ・オポノポノでは言っていません。それはそれで、そこで取り組むべきことがある、それだけのこと。その人はその結婚生活を通して、お金というアイデンティティーをクリーニングしているのかもしれない」

レスターさんは続けた。

「誰が悪いか、間違っているかなんて、僕たちにはわからないこと。霊的に、その人が何を担っているのか、僕たちにはわからない。モーナは繰り返し言っていた。


『問題の原因を見つけたいなら、あなたの半径五センチ以上を見てはいけません。まずはどんなときも内側に戻りなさい。その先に何かを求めるとき、あなたはその問題と関わるあらゆる存在との境界線を越えることになる。あなたが持つ以上の責任を負うつもりがないのであれば、まずは自分のことをしなさい』」


ジーンさんが続けた。

「長年、文部省に勤めていますが、子供たちの様々な問題のケースに直面します。昔はとにかく子供を救わなくては、より良い環境にしなくては、とやっきになっていました。

でも、そんなとき、誰よりもからだを病み、苦しんでいたのは自分でした。まさしくモーナが言う問題の境界線を越えるような働き方だったのね。様々な問題のあらゆる負債を背負い過ぎて、まずはこころに、そして結局からだに答えが返ってくる。病気を体験して、『ブブー、いま境界線を越えていますよ』というメッセージが初めてわかったの。

まずは、たとえこれが自分で選択した職業であっても、日々問題を抱える子供達を目撃している自分自身をクリーニングするようにしました。どんなに彼らが問題まみれに見えても、彼ら一人ひとりが本来は完璧な存在であること、そして、環境そのものもそうであることをわたしが取り戻さない限り、この宇宙でそれがもう一度表現され、体験されることはない。だから、ホ・オポノポノは有効だとモーナは教えてくれたの。

もちろんわたしは実務を行います。でも、彼らがかわいそう、苦しそうという感情や、彼らの親への判断、批判が見えてくる度にクリーニングを繰り返しました。そうしたら、まず自分のからだの不調が消え、そして今まで一つの案件を通すのに、上との衝突は不可避であったのに、気づいたら、自分自身が決定権を持つ立場になっていました。今でも今この瞬間の体験の中でクリーニングしています。今までは彼らを救うためにクリーニングしていましたが、『まずは自分を救いなさい』というモーナの言葉の通り、クリーニングするために、わたしはこの職業でこの立場にいるんだという実感に変わりました」

平和は自分から始まる

レスターさんが遠くを見ながらこう言った。

「モーナの声は海のように深くて、慈愛に満ちて、低いけれど女性らしい、創造の元となるような声だったなあ。モーナの両親はどちらもカフナでした。まだ三歳と幼かったモーナはカフナの儀式をしていた母親のもとに行き、こう言ったそうです。

『この儀式では、誰もほんとうには許されていない。自分が実行しないと、誰も許されない』

『だまっていなさい』といつも一蹴されていたそうです。ああ、前世についても教えてくれたことがあったなあ。モーナはある過去の人生の中で、同じくハワイに生まれ、毎晩ワイキキビーチである仕事をしていたのだそうです。その仕事では、真夜中のビーチには様々なさまようたましいが集まってくるので、それらを彼女がどこかに還してあげる役割を担っていたのだそうです。でも、その時代、クリーニングの方法を知らなかったモーナは、あるときたましいを還すことに失敗して、いのちを失ってしまった。だから今世では、まずセルフ・アイデンティティー・スルー・ホ・オポノポノと出会い、ほんとうの自分を取り戻す、自分の記憶を消去していく、そして問題を正していくことに集中しているのだと言っていました。自分の中を整えられず、セルフがないまま、そういったスピリットを扱うことは大変危険なことで、いのちさえ落としかねないことだと、みなに言っていた。

モーナのもとには世界中から様々なスピリチュアルリーダーが集まっていましたから、自分の中で起きる『変革』、そして本来の自分に戻るまでのプロセスが何よりも大事であると繰り返しました。あなたが問題の対象を相手にするのではなく、自分の中に溜まった負債をクリーニングした結果、それに関わるスピリットたちを地上に留《とど》める澱みが変革されゼロになり、関わるすべての存在が光に戻るのだと」

ジーンさんとレスターさんの話を通して、わたしはすでに亡くなっているはずのモーナから、いま自分が見失いかけていた、「平和はわたしから始まる」というホ・オポノポノのメッセージを再び思い出させてもらった気持ちになった。日々変化する人生の模様はまるで自分ではなく、周りの要素で彩られているような感じになって、途方に暮れていたのかもしれない。でも、どんな絵が目の前にあって、それを好きだろうと、嫌いだろうと、わたしはクリーニングすることができる。まずはそれがわたしの最優先の仕事だ。結婚のその日まで、そして結婚してからも、クリーニングするべき体験、思いをクリーニングしていくこと、その中で自分自身を取り戻していくことがわたしの仕事。

突然ジーンさんが言った。「シャントセ」。英語なのかなんなのか、言葉の意味がわからなくて、もう一度尋ねてみる。ジーンさんは言った。

「日本の古い言い方で『シャントセ』ってない？　わたしの祖母がいつもわたしに言っていた言葉なんだけれど」

一瞬考えてすぐに「しゃんとせい」と言っているんだとわかった。わたしの年代だと、もうあまり周りにそんな言い方をする人はいないけれど、そのしっかりしなさいという姿勢を正させるような言葉のことだとわかった。

「わたしはクリーニングを忘れて、記憶中毒になりかけていると気づくと、必ず自分自身に『シャントセ』って言うのよ」

ジーンさんがほんとうにコツコツと長い時間をかけて、毎日自分の人生の中でクリーニングを実践してきたことが急にリアルに伝わって、なんだか胸が熱くなった。

ふと目をとなりにやってみると、カメラマンの千穂さんが、ジーンさんがしきりに勧めていた巨大なカップケーキを頬張って、美味しそうにムシャムシャと食べていた。実はわたしはアメリカでよく見かけるシュガーコーティングされた甘い食べ物が苦手で、二人のご厚意で出された派手な色みのそのカップケーキをどうやって食べずに乗り切ろうか、頭の片隅で考えていた。でも、あまりに美味しそうにそれを食べている千穂さんを見ていたら、わたしもなんだか小腹がすいてきて、一口だけでも試してみようと、「甘いものが苦手なわたし」をクリーニングして、かぶりついてみた。オアフ島を車で半周して少し疲れたからだにちょうどよくしみいる、ほんの少し塩分のきいた甘みが、柔らかく口の中で広がった。甘いものが苦手という自分から解放され、その瞬間のわたしにとってどんな栄養たっぷりのごはんよりも、きっとパーフェクトな食べ物だった。この瞬間、このこころ優しい人々、空間にぴたりと寄り添っていること、こんなふうに自分が自由でいられる感動を噛み締めていた。

気づいたら、ジーンさんもレスターさんも巨大カップケーキをムシャムシャ食べ始めていた。まるでみなでピクニックしているみたいで楽しかった。ジーンさんは食べながらこんなことを言った。

「自分でごはんを作るときは、外で食べるよりバターを少し多めに使うことを好んだり、または塩ではなくて、お醤油とか自分のお気に入りの調味料を使うとか、酸味強めが好きだとか、そういうのってない？　他の人や社会の声ではなくて、そういう自分はこれが好きっていうこと、なくしてはダメよ。それはあなたが自分の人生を生きるのに大切な栄養よ」

言われてなんだかどきりとした。そういえば、わたしは小学生の頃、誰もいない家でお腹がすいたとき、家にある食材をしらみつぶしに探して、自分だけのオリジナル料理を作るのが大好きだった。マーガリンたっぷりの揚げパン的なものに、さらにマーガリンを塗って食べるとか、半分にカットしたレモンにさらにビタミンC粉末をかけて小さなスプーンでこつこつ食べる「ダブルレモン」と名付けたわたしの代表作のことをすっかり忘れていた。最高に楽しかったし、美味しかった。一人でも豊かに満たされていたし、それを作って食べている間中、その家はわたしの自由な王国だった。

今はどうだろう、相変わらず食いしん坊だけれど、どちらかというと、世間で流行っている食べ方、健康法、レストラン、食材などを漁《あさ》るようにして口に入れていることのほうが多い。楽しいし、勉強にはなるし、からだにはとてもいいことだと思う。

でも、ほんとうにからだの調子が悪いとき、なんとなく父と祖母の暮らす家に立ち寄って、二人の手料理を食べさせてもらうと、こころがまず元気になる。今話題のスーパーフードを使っているわけでもないし、油だって、ただのサラダ油。でも、からだまでみるみるうちに元気を取り戻していくのは、わたしがそこで小さな頃から愛され、長年をかけて編み出されたその家の住人にとってパーフェクトな味付けや、美味しいのがみんな好きだよね、なんかいいよねという、無邪気な祈りを思い出させてくれるからなのかもしれない。

わたしが小さかった頃、無心で作ったあの料理とも呼べないような料理たちは、おしゃれな料理本にはまず載っていないようなレシピかもしれないけれど、その瞬間の自分の味覚に正直に、見た目や触り心地を楽しみながらごはんを食べていたとき、わたしは堂々とこの世を祝福したような気分でいたことを思い出した。

ほんとうに好きなこと

そんなことに思いを馳せていると、レスターさんが話し始めた。

「どれだけの人がほんとうに自分の内なる子供、ウニヒピリと関わりを持とうとしているだろう。ちょっとしたひらめき、例えば、いつもはここでごはんを食べているけれど、今日はあのお店で食べてみたいとか、みなが良いと言うから趣味のサークルに集まっているけれど、ほんとうは家でケーキを作って、それを一人で食べたり、近所の人に配ることが幸せだとか、そういう小さなこころの変化や動きをクリーニングしながら実行することが、大きな記憶のクリーニングにつながることだってあるんだ。

好きなこと、嫌いなことに理屈を持つ必要はない。だってそのどれもが、この世が始まって以来の記憶の再生から体験させられるものだから。だからこそ、小さなことを自分の内側で正直にクリーニングしていくことを大事にしたい。

自分の役割、この宇宙に何をしに来たんだろう、このことを僕達は記憶が重なりすぎて忘れてしまったのです。それぞれの存在に与えられたブループリントは社会の常識やルールから完全に独立したもの。

あなたが今日ここに来るまでの方法や、その細かい法則もほんとうはウニヒピリの中に伝えられていることなんだ」

ジーンさんが続けた。

「あるクラスの終わり、スタッフの家で簡単に食事をしようと、迎えに来てくれたバンに乗り込もうとしたとき、さっきまで一緒にいたはずのモーナがいないことに気がつきました。探しに行くと、建物の裏手にある駐車場で、きっとそこを管理してくれているスタッフのおじいさんと話していました。モーナが戻ってくるのを待ち、『何をしていたのですか？』と聞いてみました。

『あの場を管理してくれて、二日間のイベントをサポートしてくれたお礼を伝えに行きました。クラスが始まる前から、このイベントが何者かによって守られていることに気づいていました。それが一体何なのか、わからなかったけれど、それは彼でした。彼は天使です』

モーナはそう教えてくれました。この世には、社会の表舞台で活躍していなくても、その存在がこの世に大きなインパクトを与えたり、貢献している存在が数多くいます。本来は一人ひとりがかけがえのない役割を持っている。毎日あるショップにパンを買いに行くおばあさん、そのお店のレジに集まるお金と日々誠実に尊敬と感謝とともに関わってきた店長さん、一人ひとりがクリーニングされた状態でそのとき、人間なら人間として、お金ならお金としてそのアイデンティティーを生きることで、例えば、そのお金はクリーニングされ、そのお金が運ぶあらゆる幸せは、必要な人や土地や物に必要な物を届けることができる。

たった一人の人がほんとうの自分を生きるとき、あらゆる場所のディヴァインタイミング、つまりすべてが完璧な時と場所で正しいことを行うタイミングが戻ってくる」

レスターさんが続ける。

「あなたはそれを意識しなくても、あなたが自分を生きることがどれだけインパクトのあることか、それを生きないことが、この地球にどれだけのダメージを与えるのか、モーナは教えてくれた。『誰か』にかけられた呪いではないんだ。私達一人ひとりが自分を生きることの責任と、そうしてこなかった過去の記憶をシェアして生きている」

わたしが今回の旅で、自分に与えた課題は、良いインタビューをして、良い写真を撮ってもらうことだった。それと同じように、毎日例えば朝起きて、一日のスケジュールを見てみたときに、その日のクライマックスを勝手に決めていた。例えば、大切な打ち合わせ、ある日は家族との食事、久しぶりに会う友達、そんなふうに決めていた。でも、そこに至るまでの一つひとつでわたしは自分を生きるという大事な役目を全うしているだろうか。今日ここに来るまで、それこそが、わたしがわたしを生きるための本番だった。そこでどんな体験をして、クリーニングして生きていたかが、今この瞬間を開かせている。何をどうしたって、ジーンさんとレスターさん、そして千穂さんとこの場所にいることに変わりはないかもしれないけれど、そのとき、そのとき、自分を生きていたかどうか、記憶をお掃除してきたかどうかが、きっと今を本来の形で動かすかどうかにかかっている。

ジーンさんが話し始めた。

「モーナはいつもはっきりと発音したの。まるで、それぞれの言葉がモーナに話してもらいたがっているのが伝わるようだった。モーナは言葉をよくクリーニングしていた。あらゆる場所であらゆる意図を持って使われてきたその言葉たちをクリーニングすることが大事なことだと言っていたわ。

あなたが私達と話すために、一生懸命クリーニングしているのを感じている。これってとても素晴らしいことだし、それによって、わたしはさっきからずっと自分の話す言葉たちをクリーニングしている。あのとき、モーナが言ったことを今よく理解できます」

レスターさんが続ける。

「モーナははっきりとした人でした。例えば、あるクライアントが手術を受けるときに痛みが最小限になるようにクリーニングしてくださいとモーナにお願いをしに来たことがあったんだ。モーナは彼女にクリーニングの方法を教え、モーナ自身もクリーニングしていた。でも帰り際にこう彼女に告げた。

『あなたが痛みを感じることが正しいことであれば、痛みは訪れるでしょう。今回の痛みはあなたを蝕むものではなく、あなたに謙虚さを学ばせるために訪れます。あなたが今回の人生で目的を果たすために必要なものであるということが見えました。あなたが痛みを通して、クリーニングして、ほんとうの自分のたましいとからだに出会えるチャンスです』

その女性は傲慢で有名な女性でしたが、今まで何度も病気や怪我を癒してきたモーナだからこそ、その言葉には説得力がありました。その若い女性はモーナの言葉に少しショックを覚え、泣きながらも黙って話を聞いていると、モーナはこう続けました。

『あなたがその痛みを経験することで、あなたが今まで背負いこんできた記憶の痛みや重さから解放されますよ』

その女性は、最後には優しい顔になり、落ち着いて帰りました。翌日無事に手術を終え、そのあと結婚して子供を生み、今でもＳＩＴＨのクラスのスタッフとして参加しています。

時にクリーニングを通して、私達は何かを取り戻そうとか治そうとします。でも、クリーニングを続けていくと、それがそうである理由も、ふとわかるときがあります。そしてさらにクリーニングを続けていくと、それをまるで忘れてしまったかのように、とらわれない自分に出会えるはずです。

そんなとき、僕は今、ディヴィニティーのもとでいのちを働かせていると感じます」

宗教とスピリチュアル

レスターさんはさらに語り続けた。

「僕は小さな頃から宗教についていろいろと思うことが多かった。家族が信仰している宗教との関わりで他の宗教と比較したり、批判したりする不自由な体験を多く見てきたから。でも、ホ・オポノポノと出会って知ったんだ。宗教が自分にそうさせているのではないと。モーナはあるとき言ったよ。

『自分が体験している宗教を別の何かと比較しあったりしているとき、あなたこそが自分の記憶の奴隷なのです。そんなとき、どんな聖典もあなたに語りかけてはくれないでしょう』

お墓まいり、日曜礼拝。何だろうと、まずは自分をクリーニングすることだ。いま自分が体験しているそういった儀式、慣習の中で体験されることを正直にクリーニングする。そうすることが、自分の信仰を妨げることになるだろうか？　そうじゃないよね。

あるとき、熱心なカソリック教徒がモーナにこんな質問をした。『クリーニングしながら、カソリックをどう学べばいいのでしょうか？　そんなうまい話を聞いたことがありません』。モーナはこう言った。

『クリーニングをすれば、あなたはカソリックを通して、インスピレーションを受け取るでしょう。大いなる叡智です。それが伝える本質をあなたは学ぶだけでなく、生きることができるでしょう。カソリックは決してあなたの外側にあるものではありません。永遠の片思いのような手の届かないものではないのです。それはいつでもあなたの中で体験されています。

記憶を消去すれば、その本質をあなたは見て、感じて、生きることができます。神がいるかどうか、ほんとうの神が誰かを論じているのではありません。SITHホ・オポノポノで話していることは一つ。ソース（源）は一つ、クリーニングによって、それぞれがそのことと出会えるということです。そしてそれもまた、あなたと本来いつもつながっているものなのです』

僕はその二人のやりとりを見ていて、涙が出た。初めて僕の家族が、自分が生まれる前から信仰してきた宗教に、こころからの感謝と理解が湧き上がったんだ。僕の記憶が消えたおかげで、僕が真に学び、信じようとしてきたことが、能動的でも、受動的でもなく、自分の中に感じたんだ。やっとほんとうの家に戻ることができる、そんな深い安心を感じた」

わたしの母方の亡くなった祖母は、わたしが覚えている限り、いつも何かに夢中になっていた。奇抜な健康法から宗教まで、でもその晩年にはある一つの宗教に熱中するあまり、家族みなが悲しい思いをすることになった。母は祖母の死のあと、その傷を癒そうと、様々な自己啓発やスピリチュアルな教えを求め世界中を飛び回った時期があった。祖母も母も、自身が救いを求め学ぶことに、わたしと弟を参加させ、学ばせようとした。しかし、わたしたちは準備ができていなかった。きっとそれらが本来持つ素晴らしい教えを受け取る以前に、それらに振り回される家族の姿があまりにも悲しいものだったから。そして、恥ずかしかった。何かにすがらないとどうにもならない自分の家族を恥じる時期さえあった。だから、わたしはかなり長いこと、宗教やスピリチュアルやあらゆる教えに関して強い拒否反応と怒りさえ感じて生きてきた。ホ・オポノポノと出会ったときさえ、そうだった。きっとまたこれに一喜一憂して、また離れるんだと思った。だけど、母を見ていて、何かが変わった。これは自分らしく生きるコツを取り戻すものなんだ。自分が実践するかしないか、たとえしなくたってバチがあたるとは言っていない。

いろんな人生の場面で、自分を見失いかけたとき、ほんとうに苦しいとき、はっと自分らしさを思い出せるって素晴らしい。場所や生き方を変えなくたっていい。今いる場所で、実践できるもの。母の姿を見ていて、あるときから、ほんとうに自然に無邪気な笑顔を取り戻し、わがままなところさえ、まるで、調和を持って世界と関わっている様子に、わたしまでもが、息を吹き返すような気持ちになった。この世界って、こんなにほんとうは開かれていたものなんだ。自分でいられる場所ってあそこにも、ここにも、そこにも、そこらじゅうにある。問題を自分でクリーニングする限り、限定されるものなんてない。「自由」は自分で取り戻すことができるものなんだ。

そして、ホ・オポノポノを実践するようになってから、小さな頃に宗教を通して味わった苦い思いをクリーニングしてきた。そうして少しずつ、わたしは自分の「おばあちゃん」を取り戻してきた。宗教で自分を見失ってしまった祖母ではなく、わたしの細胞の一部であるおばあちゃん、実はとっても勘に冴え、先見を持って大変な時代を女性一人で切り開いたかっこいいおばあちゃん、今となっては母のお守りのようになっている偉大なおばあちゃん、苦しい思い出をクリーニングする度に、わたしはおばあちゃんを取り戻している。

レスターさんのお話を聞いていて、再び亡くなった祖母のことを思い出した。当時のその宗教のことも鮮明に思い出した。苦しい思いやちょっとまだ恨んでいる気持ちなんかも、すべてクリーニングしていった。まだまだすっきりした気持ちにはなれないけれど、昔祖母がまるでわたしに子守唄を聞かせるようにして、その宗教で祖母が出会った神様のことを、わたしに優しく話しかけてくれたことを思い出した。「その神様はアイリーンのことをいつも見守ってくれているよ」「アイリーンらしく生きなさい、そうしたら、いつも神様が見ているよ」。きっともっと、いろんな教えがあったのだろうけれど、幼いわたしにわかりやすいように、祖母がかなり凝縮、短縮して語りかけてくれた優しい声を思い出した。そして、祖母がその宗教を通して出会おうとした、神様に感謝した。祖母がそこにたどり着こうとして、めちゃくちゃやってしまったこと、家族もみんな傷ついたことをクリーニングしたら、祖母が向かおうとしていたところが綺麗なものでありますようにと、こころから祈るような気持ちになった。

わたしの中をお掃除しよう、これら全部クリーニングしよう、そうして、もっともっと私達家族のほんとうのつながりを取り戻そう、ちょっと力強い気持ちにさえなった。

レスターさんが「宗教」という言葉を言った瞬間、わたしはぐっと沈んでしまった。でも、レスターさんがモーナさんを通して出会った宗教観を正直に話してくれたことで、わたしはもう一度、「宗教」というアイデンティティーと自分の間にある、あらゆる記憶をさっささっさとクリーニングして、また新しい自分を取り戻させてもらえた。

真のネイティブとは？

ジーンさんが言った。

「モーナはいつだって、結局のところ、『自由』について話していました。クリーニングによってあなたが取り戻すものは『真の自由』であると。『真の自由』こそが、あなたそのものなのだと」

すると突然レスターさんが、こんな質問をしてきた。

「アイリーン、君ハワイが好きかい？」

わたしは即答した。

「もちろん！　住みたいくらい！」

そしてレスターさんは笑って続けた。

「『ハワイアン』について、モーナが言っていたことがあるんだよ。

『ハワイアンになるためには、決してネイティブ・ハワイアンの血が流れている必要はありません。ハワイに住んでいる必要もありません。

〝A true Hawaiian is one who brings freedom to the cosmos.〟真のハワイアンとは、自分自身に自由を取り戻し、それを宇宙全体に与える存在のことです』」

わたしは感動して、隣に座っている千穂さんと、にこっと微笑みあった。なんだかその言葉を聞くだけで、わくわくしてくる。

ジーンさんが言った。

「モーナが、今私達が実践しているSITHホ・オポノポノを始めたとき、やはりカフナにしか与えられていない古代ホ・オポノポノと比較する人たちはたくさんいました。そんなあるとき、一度だけモーナはそのことについて話したことがありました。

『古代ホ・オポノポノをすることができるのは、ネイティブ・ハワイアンだけだと言いますが、ここで私達が実践するSITHホ・オポノポノは、万人、さらには種を超えて、あらゆる原子、分子までもが実践できるメソッドです。ネイティブって一体なんでしょうか。私達はみなこの宇宙に住むネイティブなのではないでしょうか。自分の奥底に潜む部分では、いつもイタリア語の歌を歌う自分を感じます。空手を知っているような気もするし、どうやって狩りをすればいいのかを感覚で知っていると思うときがある。この宇宙で起きたあらゆる歴史を私達はみな例外なく、記憶をつなげあいながら体験してきたのだから、当然のことなのです。私達はみな、例外なくディヴィニティーと本来つながっているネイティブなのです。

本人は気付かなくても、その土地へのネイティブ性に深く固執する体験があるとしたら、過去にその土地で何か壊したり、痛めつける体験をしたことがあると思います。そのときのアカコードから、今回の人生で、その土地とネイティブだという関わり方で、もう一度、癒し癒されるようにやってきました』

ある意味過激な表現だから、みんな何も言えなかった。でもね、ネイティブ性をクリーニングすると、ほんとうに見えてくるのは、その土地との真の結びつきなの。そこで生まれたかどうかをはるか超えて、自分をそこで取り戻す、そのことに気がつく。そうすると土地のほうから、自分たちとの豊かなつながりを見せてくれるようになるわ」

　レスターさんが続ける。

「僕たちは祖父母の代からハワイで暮らしていますが、このハワイ一つとっても、いろいろな歴史、習俗、文化、儀式や習わしに満ちています。決して悪いことではないにもかかわらず、知らず知らずに僕は小さい頃からそのことに縛られていました。自分たちはハワイ生まれだけれど、日系だとかね。でも、隣人はハワイアンだとか。こころの中ではきっと人種の戦争が起きていたのかもしれない。

だから、モーナがこう言ったとき、僕は初めてハワイの地と自分の記憶から解放されてつながることができた。ここで生まれ、生きてきた自分を祝福できました」

　レスターさんはもう一度私に質問した。

「あなたもハワイアンになりたい？」

またしてもわたしは即答した。

「もちろん！」

みんなは笑っていたけれど、わたしはこころの中で真剣に願った。わたしはハワイアンになりたい。モーナさんが言ったような真のハワイアン、自由を取り戻し、自由を表現する存在になりたいと心から願った。


レスターさんが言った。

「あなたがクリーニングして、セルフが自由を取り戻せば、宇宙全体に自由が戻ってくるよ」


クリーニングすることはどうしたって、しょっちゅう忘れてしまう。でもこれまで、思い出したとき、自分を取り戻したいとき、わたしの知っているクリーニングツールでシンプルにクリーニングをしてきた。今までは幸せになるために、何かを得るためにそれを実践してきた気がする。でも、これからは何かが違う、一人舞い上がってしまう気持ちを抑えながらも、こころの中では力強いメッセージを受け取っていた。わたしは行く道、出会う人、一つひとつの中から自由を取り戻すことをするんだと。レスターさんとジーンさんはこれからも続くわたしのホ・オポノポノ ジャーニーに最高のはなむけの言葉をプレゼントしてくれた。

ジーンさんは最後に言った。

「モーナはハワイに降る雨をそれぞれ見分けることができたの。雨にもそれぞれのしずくが全く異なるバイブレーションを持って降り注いでいると教えてくれる。ハワイ語で、雨は〝UA（ウーア）〟と言います。大きいUAもあれば、小さいUAもある。地面を激しく叩くUAもあれば、新芽に優しく触れるUAもある。記憶から解放されたとき、それぞれの存在をよおく見ることができるわよ。学校ではあなたにいろんなことを教えてくれるわよね。もちろん、感謝します。でも、あなたは開かれた存在、宇宙が表現していることは、すべてもれなくあなたのブループリントに書かれたメッセージよ。いつだって受け取る準備をしていたら、あなたはこの旅の中で自分のすべきことを見つけることができるでしょう。そしてそれは、ほんとうに幸福なこと」

ジーンさんとレスターさんと会っている間、わたしは一度だって、自分がホ・オポノポノ初心者だから余計なこと、変なことを言ってはいけないという小さな気持ちにならなかった。それは、彼らがどの瞬間も自分たちをクリーニングしていた証拠だし、クリーニングを選択している者同士が時間を共有すると、こんなにも自由で豊かに膨らんだものになるのだと、深く感動した。長時間のインタビューだったのにもかかわらず、すっきりしたものがからだに残っていた。次の約束があるため、そろそろ帰る準備をしているわたしと千穂さんに、ジーンさんはまるで当たり前にいつもそうしてきたように、かわいいハワイの絵柄のついたキッチンペーパーを風呂敷のようにして、残った巨大カップケーキを持たせてくれた。

外に出てみると、やはり快晴、雨雲一つ見当たらない。UAを見分けることは次回にするとしても、なんだか、道の芝生もコンクリートも、空気もそれぞれから、自由を取り戻すチャンスを与えてもらっているような気持ちになった。

ウォン夫妻　ウニヒピリと私の乗り物

ジーンさんとレスターさんのさっぱりとした笑顔で送り出された私達は、その日最後の訪問先となるカイルアに向かった。今回のインタビューはすべて、ヒューレン博士とKRさんのクリーニングのもと、順番や時間帯もすべてセッティングしてもらったものだった。それがどういう意味を持つのかは、わたしにはもちろんわからない。しかし、毎回、次の目的地に出発する際には、必ず、みなそれぞれの人が私達の旅程表を見て何かを再確認している。ハワイに住んでいる千穂さんは道を把握しているため、行き方を心配されているわけでは決してない。ただ、次に私達が行く場所を、このときもジーンさんとレスターさんはそれぞれ見て、自分の中で何かを確かめるようにして、私達を送り出してくれた。

何をしなさい、こうしたほうがいい、彼らは最近こんな感じだから、と事前のアドバイスなどをしてくれるわけでは決してない。みなそれぞれ古くから知っている友人同士でもあるはずなのに、何かそういった会話が始まるわけではないのだ。でも、わたしもなんとなく感じることができた。あるときからわたしがこの日、みなさんに会いに行き、お話を聞かせてもらうということが決まってから今日まで、そこに関わるすべての人が、クリーニングして準備してくれていたということが。

ヒューレン博士はどんなときもわたしに言った。雑誌の取材のときも、講演会の直前も、日本や台湾・韓国などで会食をするときも、どんなときも、それが決まった時点で、「わかる限りのことをクリーニングするんだよ」と。わたしは記憶がどんなものか、どんな形なのか見えるわけではないから、いつも戸惑ってしまった。せめて会う人の名前や会う場所の情報を見ながら、こころの中で「ありがとう、ごめんなさい、許してください、愛しています」を繰り返した。

でも、今日、三件目のインタビューを終えて、みなの私達を送り出す様子から、事前にクリーニングすることって、実は日常の当たり前のことなんだということがなんとなく腑に落ちた。彼らはパソコンから印刷した私達の旅程表（時間、訪問する人、住所、わたしと千穂さんの情報が載っているもの）を手にして、それをただ眺めていた。マラマさんはナカサトご夫妻のところを眺めて、優しい表情をしていた。ジーンさんとレスターさんは長いことカイルアに住むウォンご夫妻とは会っていないらしく、懐かしそうな顔をしていた。それぞれがそれぞれの知っている人々を思い出し、その気持ち、思い出なんかをただただ、クリーニングしている、そんな感じだった。例えば、長いこと会っていない古い友人を思い出すときや、こころから愛する家族にこれからたまたま友人が会いに行くことになって、何か優しい気持ちが働くような、そんなときも、彼らはクリーニングするみたいだ。

博士があるときこう言っていたことを思い出した。

「わたしが持つある人への想い、体験、つながりをクリーニングすればするほど、ほんとうの愛だけが残る。その愛は、わたしが知っている愛ではない。すべてを完璧な流れに戻し、起きるべきことを最大に動かすことができるマナ（エネルギー）

そのものなんだ。そのために、わたしはわたしが体験することを通して、記憶をクリーニングし、自分を取り戻す」

今までお話をしてもらったみなも、このプロジェクトを初めからクリーニングを通して支えてくださったヒューレン博士やKRさんも、それぞれが今回インタビューを受けることになった人や場所が体験することを自分自身の体験としてクリーニングしている。そのことで、私達の理解を超えるパーフェクトな流れが起きるように、自分のクリーニングを続けている。

わたしも今日この瞬間までに起きたこと、とても楽しかったこと、感動したこと、涙したこと、自分の中で思い出された苦い記憶、となりで運転をしながらこの旅を共にしてくれている千穂さんがなんと心強いことか、そして今まで会ってきたみんなをすでに恋しく想うことなんかを丁寧にクリーニングしていった。そうすると、不思議とまた、ゼロから、今からすべきことに向かえる自分になる。いくら楽しくても、夕方に近づくにつれて疲れを感じ始めたからだまでリフレッシュしていくようだった。

ポーラとジョナサン

今から向かうオアフ島東海岸の街カイルアは、美しい一軒家が立ち並ぶ人気スポットだ。何度かわたしも美しい白砂のビーチを求めて訪れたことがある。車を北上させていくにつれて、先ほどまでいたカラマ渓谷のぴたりと流れが止まったような乾燥した空気とはうって変わり、だんだんと海風を感じるようになってきた。

ウォンご夫妻とは今まで何度かお会いしたことがある。とにかくいつも陽気で、会う度に「アイリーンは私達の息子たちと同じくらいの年齢よね。女の子を育てるってどんな感じだったのかしら〜?」「いい匂いがしそうだね〜」と言ってワッハワッハと笑っていらっしゃる。あるときは、ご主人がウクレレを弾きながら当時人気だったポップソングを歌い、子供達が群がっていた。いつも明るい空気を運んできてくれる素敵なご夫婦だ。

わたしの憧れの住宅地に入った。ここに彼らは住んでいる。どの家にも犬がいて、奥には川に面したお庭が広がっているのが、車の中からでも見える。家の前に着くと、ちょうどトラックからダースケースに詰められたジュースか何かを家の中に運び入れようとするご主人のジョナサンさんが私達に気づいた。

「やあ、よく来たね！　早く入って！　庭で待っているよ！」と大きな声で言って、ドアを開け放したまま、また作業に戻っていった。車を降りて私達二人も家の中に入っていった。すると今度は奥様のポーラさんがキッチンで何やらいろんなものを準備していた。「あらあら、どうもどうも！　ジョナサンと会わなかった？　外で待っているように言ったのに、あら！　庭に行っちゃってる。せっかちで困るわね。よくすぐにわかったね！　さあさあ、飲み物でも飲んで待っててね！　すぐ準備終わるからね！」

一応、ジョナサンさんが外で待っていてくれたことを伝えようとしたが、時すでに遅し、ポーラさんはお盆に載せたグラスを庭に運びながら、ジョナサンさんに何か言っていた。バタバタしているようだけれど、なんだかとっても懐かしいものを感じて、すぐにリラックスしていた。開けっ放しのドア、一応違う国から来た他人なのに、信頼されていることが伝わって、わたしも千穂さんもそれぞれの準備にささっと取り掛かった。

川沿いの庭にはベンチとテーブル、そこにはブルーソーラーウォーターが用意されていた。時計は午後四時をちょうど回った頃で、気温も暑すぎず、ちょうどよい状態になっていた。席についたポーラさんとジョナサンさんは何やらとても楽しそう。わたしまでがウキウキしてきた。ジョナサンさんは言った。

「ささ、はじめましょう、はじめましょう、インタビューは早く終わらせて、日が暮れるまでにイカダに乗ろう！」

ポーラさんはすかさずジョナサンさんに突っ込みを入れる。

「もう！　秘密って言ったのに！」

とは言うものの、彼らの背後にはすでにいつでも出発できるように用意万全のイカダがはっきりと見えた。

ありがたい気持ちでいっぱいになりながらも、わたしはレコーダーをスタートさせた。ジョナサンさんは声の調子を確かめながら、こう切り出した。

「僕のお気に入りの番組は『プロジェクト・ランウェイ（アメリカのファッションをテーマにしたリアリティー番組）』です」

ポーラさんはそんなジョナサンさんを無視して続けた。

「ふざけているけれど、私達今日のこと、ずっとクリーニングしてきたの。二人が来てくれてとても嬉しい。騒いじゃってごめんなさい。クリーニング足りてなかったみたい」

と言って、また二人で爆笑していた。この二人の感じがすでに大好きになっていた。

ポーラさんは続けた。

「わたしがホ・オポノポノを知ったのは結婚して、もう子供が生まれた後だったの。一九七九年よ。わたしはその当時、ヒューレン博士と同じ病院で働いていたの。精神的に異常があると診断された、罪を犯した患者が隔離された病棟でした。ヒューレン博士が来るまで、そこはほんとうに問題ばかり起きていた。スタッフはみな次々に辞めていくし、病院では日々叫び声や怒鳴り声がやまなかった。そんなとき、彼が病院にやってきた。落ち着いた物腰で、とにかく頓着していない様子が印象的だった。ここの病院に配属されるのは、比較的若くて力があるスタッフだったけれど、彼はどちらかというと年上のほうで、何も構える姿勢がなかったの。それでもって、彼は一度も、患者と一対一で診察することはなかったけれど、毎日患者たちが収容されている鉄格子の前を歩いていた。でも、足を止めて彼らと話したりすることはなかった。
そして、あの奇跡のセラピストと呼ばれることになる出来事が起きたの。博士が勤務するようになって数ヵ月してから、少しずつ患者が退院するようになっていった。ほんとうに起きたことなんです。わたしはまだ若くて、興味津々で彼に何をしたのか聞いてみた。そして彼は言ったの。

『問題の原因がどこにあるのか、そのことに気づけば、すべてもとの正しい形に戻ります』

意味がわからなかった。だって、彼らは正真正銘の犯罪者であり、さらに何かしらの精神疾患を診断され収容された人たちだったから。彼らの顔はいつも怒りに満ちていて、怖かった。どう見ても、悪人だった。問題が彼らの中にあることは一目瞭然だった。

でも、わたしは博士の言うことがどうしても気になってね。そうこうするうちに当初いた患者がほとんど退院してしまったの。そしてもう一度、博士に尋ねた。『問題の原因はどこにあるのですか？』。すると彼は、自分の胸に手の平を当ててこう言いました。

『問題は自分の中にあります。自分の半径五センチ以上先に、真実は隠されていません』」

ポーラさんが話してくれたのは、このＳＩＴＨホ・オポノポノが一躍世界に広まるきっかけとなったヒューレン博士の実話だ。「奇跡のセラピスト」というタイトルでインターネット上にまたたく間に広まった。その現場でポーラさんはヒューレン博士と出会ったのだ。

家のアイデンティティー

ジョナサンさんも口を開いた。

「それとほぼ同時期に、僕はモーナと出会ったんだ。ハワイ大学が主催したモーナの最後の講演会に僕は参加したんだよ。第一印象は……、それはstrange（奇妙）だったよ！」

と言って笑った。

「でもね、一つだけ、その日モーナが言ったことが無性に気になってしまった。

『あなたが他人を批判し続けるということは、あなたがあなたの聖なる行いに記憶の泥をかけ続けているようなものです』

僕らは当時住んでいた家で、ご近所とのトラブルにとても悩まされていたんだ。何度も話し合いをしたし、裁判を始める一歩手前だった。どう考えても相手に問題があるわけだから、僕達が家を出て行くなんて考えられなかった。そんなときに、モーナがそう言った。批判をするっていうのは、自分の行いに泥をかけているようなものだと。講演会中、頭の中でいろんなことがぐるぐると渦巻いていた。
そしてモーナはこうも言っていた。

『ウニヒピリとは私達の中にいるもう一人の自分です。そして、それは子供の部分です。ウニヒピリに聞いてみてください。正しくいたいの？　それともハッピーでいたいの？　と。子供であるウニヒピリにとって記憶まみれのあなたの正しさは、ただの重しでしかないでしょう。あなたが正しくあろうと、時間やエネルギーを費やす間に、ウニヒピリはまたも記憶のゴミにまみれ、記憶の再生の中で苦しむことでしょう』

もちろん、そのときだって、半信半疑で意味だってこれっぽっちもわからなかった。
でも、モーナと名乗る目の前の女性がゆっくりとそう話す間、自分の中でこの苦しいトゲトゲした感覚をさっさと捨てちまいたい！　と叫ぶような声が聞こえた。この苦しみが自分の正しさから来るのであれば、それよりも、自分と自分の家族が笑顔を取り戻すほうが断然大切だということを、はっきりと内側から感じることができた」

ポーラさんが話してくれた。

「それで彼、家に帰ってくるなりこう言うの。『この家を売ろう！』って。驚いた。裁判所に勤めている彼は、つい前日まで隣人との裁判の準備をコツコツと進めてきたのだから。でも、彼が何の躊躇もなく、家を売るぞと言ったとき、わたしは久々に家族が一緒に暮らしていることへの感謝とかわくわくする楽しさを思い出したの」

ジョナサンさんが続けた。

「翌日から早速売却の準備を始めた。次に暮らす家はまだ見つかっていないから、周りからはとても心配された。そしてみな心配だけして帰っていった。でも、問題の対象だった隣人こそが、そのときだれよりも助けてくれた。家具を売るマーケットを教えてくれたり、安い引っ越し業者を教えてくれたり。そりゃそうだよね。口うるさい僕たちがいなくなって喜んでいるんだもの」

そう言って、ほんとうに楽しい思い出だったかのように、ジョナサンさんとポーラさんは笑っていた。ポーラさんは話した。

「その頃には、病院で知り合ったヒューレン博士と、モーナに私達の家のリビングルームを提供して、彼らは今のクラスのもととなるようなものを、少ない人数を集めては少しずつ始めるようになっていたの。もちろん、この家を売りに出すこと、そして、次に住む家がまだ見つかっていないことを話すと、モーナは家のアイデンティティーについて教えてくれた。

『この家にもアイデンティティーがあるの。あなたと同じように。ここで起きた争いや騒音をちゃんとお掃除してからね。残された記憶がクリーニングされない限り、この家はまだまだあなたたちと共有することがあると思って、離れることができません。正しい新居とも出会えない。クリーニングしたら、見つかる』

そう教えてくれました。その晩から、早速、新婚生活の楽しかった思い出から、初めての子育てで泣けるほど大変だったこと、そして始まった隣人トラブルで見せてしまった荒々しい体験を謝ったり、お礼したりして過ごしたの。わたし、あまり物の整理が得意じゃないのよね。でも、そのとき、お家に話しかけたりモーナから学んだクリーニングをしていたら、自然と実際の掃除も始めていた。今まで後回しにしていた本の整理だったり、洋服の整理なんかをからだが勝手に始めている感じ。だんだん楽しくなってきて、自分の車にも同じようにしてクリーニングするようになりました。

そんなある日、その車に子供を乗せて、スーパーマーケットから家に帰る途中、目をつぶっても運転できるくらいその道のりは慣れたものだったのに、突然いつもとは違う方向にハンドルを切ってしまったの。全く違う住宅地を走っていて、なんだか気持ちよくなってきて、川とかも見えてきて、子供も楽しそうだった。それで、ちょうどいいところで車を停めて、見知らぬ家をノックしたの。出てきた女性にわたしはこう聞きました。

『この近所で空き家はありませんか？』

そうすると、驚いた顔をして、その女性はこう言ったの。

『実は、この家を売却する予定で、今不動産会社に電話するところだったのよ』

二人で不思議な気持ちになって、まずはお互い連絡先を交換し合い、わたしは家に帰りました。それが今のこの家なのよ！」

ホ・オポノポノをしていると、そういった、不思議で、まるで自分の意思では動かせないような理解を超えた流れが起こることがある。意図しないような方法で、でも、起きたときには、それが自分にとっての最善のことであると、なんのためらいもなく受け取れるような、素晴らしいギフト。

さっきから庭を駆け回っている白と黒のぶちの犬が、ジョナサンさんのところにやってきた。

「彼はポノ。この家の番犬だよ。イカダ下りが大好きで、そろそろ我慢できなくなっている頃だね」

ポノはキュンキュン鳴いて、くるくる回っている。ポノを優しく撫でながら、ポーラさんは話し続けてくれた。

「実際、その前にも家探しはたくさんした。でもモーナが教えてくれたの。知識と考えが渦巻くときっていうのは、私達ができることなんて大抵なんにもないって。ほんとうはそれはサインなの。『行き止まり！　ここであなたができることはありません。クリーニングして、まずは自分自身に戻りなさい』というサイン。記憶はあざといよ。我が物顔でどんどんわたしの思考を占領して、立派な態度でいろいろなことを決めていく。でも、もしあなたにサインが見えたら、やっぱり一歩立ち止まって、まずはその場で『ほんとうの自分』を取り戻さないとね。手放していくしかない。クリーニングするしかない」

ジョナサンさんはまだキュンキュン鳴き続けるポノの顔にとうとう自分の頬をすり寄せもう一度言った。

「そろそろイカダに乗らないかい?」

ポーラさんは「あともう一つだけ」と言って、話を続けた。

ウニヒピリの声

「わたしはハワイ州の児童医療福祉施設で働いています。ここで出会った前のボスとは、ほんとうに合わなかった。でも、そのときにはホ・オポノポノを実践するようになっていたから、わたしの中に何か手放す記憶があるんだと素直に思えた。と言っても、苛立ちやストレスはなかなか手放せなかったけどね。

でも、家の中でしょっちゅう居眠りをしているジョナサンよりも、よっぽど四六時中顔を合わせているのはそのボスなんだから、彼からクリーニングのチャンスをもらっていると思って、クリーニングを続けたの。それで、三年かかった。とにかく、神経を彼にかき乱されているなと思ったら、まず自分の内側に戻る練習をした。おかげでウニヒピリと話す練習がよおくできた。そうして三年たって、ボスが自分をイライラさせる人だと自分が思っていたことを忘れかけたとき、ボスの異動が決まったの。やったー！とは思わなかった。ああ、このタイミングだったんだ、と思ったわ。でも、彼は最後の日、わたしのデスクに来てこう言ったの。『君の忍耐に感謝している。君の仕事はほんとうにプロフェッショナルだよ』とね。とっても嬉しかった。今では、お互い、仕事で問題が起きたときに、それぞれ部署は違うけど相談し合える仲になったのよ」

わたしは自分のことを考えていた。ホ・オポノポノを始めて数年、ストレスフリーな平和が年がら年中続いているわけでは決してないこと。行く先々で、予想外のトラブルには引き続きあっていることを。そんなとき、やはり思ってしまう。クリーニングできていないのかな、クリーニングって効果あるのかな。そんなわたしのこころの声を読むようにポーラさんは続けた。

「こんなに長いことクリーニングしているのに、未だに自分は苦しんでいる。未だに人間関係につまずいてしまう。そう思うことってそりゃあるわよね。気に入らない人がグループの中に一人いるだけで、集中力を失って、楽しめないし、クリーニングさえできなくなるような体験もある。

世間ではそういう人のことを神経質と呼ぶ。結構大変なことよね。周りの人間がすべて無神経に見えて、頭は考えることをやめられなくなってしまう。『こころをもっと広く』とか『リラックスして』という言葉をそんなときにかけられても、耳に入らない。でもね、それって神経質じゃないの。記憶があるから、自分のウニヒピリが一生懸命あなたに向かって、『手放して、自由にして～！』と叫んでいるの。周りの声を気にして、無理にリラックスしようとしたり、良い人になろうとしたら、ウニヒピリは無視されたと思って、いつまでも記憶の再生は止まらないわ」

わたしはつい、思ったことを言ってしまった。

「でも、実際にどう見てもわたしよりもはるかに穏やかで、いつも幸せそうな人がいます。わたしはどちらかというと神経質だと思っています」

「それぞれみんな異なった記憶を再生しているだけよ。そして手放し方がわからないからそれぞれがベストを尽くしているだけ。でも辛いよね。『こんな鈍感な人たちに囲まれ、辛い、居場所が感じられない』って思うこともある。でも、ホ・オポノポノではそのほんとうの原因である記憶の手放し方を学ぶじゃない。ほんとうはあなた以上にその辛い体験をしてきたウニヒピリに『気づかせてくれてありがとう。クリーニングして楽になろうよ』って話しかけられるじゃない。そうやって何度もクリーニングするの。

そうすると、ウニヒピリからのクリーニングの伝達は届き、今度はディヴィニティーが優しいシャワーをかけるようにして、あなたの荒れたたましいを癒すでしょう。そうしてあなたは、またあなたのそのまんまで完璧な世界の一部を見つけます。ディヴィニティーの目では悪はないの。扱うのは内なる悪なんだよ。記憶の目で見ているなら、ディヴィニティー、つまり愛の目に戻っていけばいい。

記憶から解放されたあなたと出会いたい人や場所がたくさんあるのよ。さあ、準備できたら、イカダに乗ろう。男たちは全くせっかちだよね」

内なるお家

大したことないと思っていた日頃の小さなイライラや、好きにはなれない自分の短気な部分を無理して見ないようにしていたことに気づいた。そして、それをまるで見て取るようにして話してくれたポーラさんに驚いていた。彼らはいつだって陽気でまるで太陽のようなご夫婦だ。町中の人がきっと友達なんだろうなと勝手に想像してしまうほどの、まさしくこの素敵な家にふさわしい人々だ。でも、ポーラさんもジョナサンさんも教えてくれた。決して明るい要素だけではないのだと。会社でも、家でも、道でも、こころの中ではいつも黒いものがもやもやと出現する。

決してただいつも機嫌がいい人で、ポジティブ百パーセントではないんだと。でも、ホ・オポノポノを知って内なる悪をお掃除していけば、また平和を取り戻せるのだということを、彼らの正直なお話から気づかせてもらった。

ジョナサンさんは、早速家からアイスボックスやバスケットをイカダに運び入れていた。番犬ポノはすでにイカダに乗り込んでいた。ちょうどそこで、マラマさんが登場した。「間に合ってよかった〜」と言って、ポーラさんと抱きしめ合っていた。

ジョナサンさんとポーラさん、マラマさんと千穂さん、そしてわたしとポノの合計五人プラス一匹にちょうどよい小型のイカダ。イカダと言ってもモーターが船尾についている。庭の木の杭にかけていたロープを外して、私達は出発した。

両サイドを住宅地に挟まれた川を海めがけて、ゆっくりジョナサンさんの操縦で進んで行く。犬のポノは添乗員状態で、私達の安全を確かめるように、イカダの上をぐるりぐるりと回っている。ポーラさんが用意してくれていたフルーツカクテルをついで、わたしと千穂さんに渡してくれた。私達もいつの間にか、今日のインタビューを終えた安堵から、完璧にくつろいで、裸足になった足を水面にちょこっとつけてみたり、ポノと遊んだりした。マラマさんとポーラさんは久々の再会を喜びながら、近況報告をし合っていた。

イカダから見渡すそれぞれの一軒家の広い庭には、ハンモックや子供用のツリーハウス、トランポリンが無造作に置かれ、それでも余る十分なスペースで飼い犬たちが走り回っている。自然とわたしの得意な妄想がスタートする。もし、ここに住んでいたら、家族みんなを呼んでバーベキューをしたり、夢だった大型犬を飼って、毎日海に通ってサーフィンでもしよう！　庭には好きなフルーツの木を植えよう。朝起きるのは苦手だけど、きっとここなら目覚ましがなくても起きることができる！　日がよく入るから家中の窓にサンキャッチャーを置こう。星が出ている夜は庭にテントを張って一晩中流星を探そう！　蚊が出るから、虫除け用のキャンドルも買わなくちゃ！

次から次に、手にとるように、そこでの暮らしが想像できる。慣れない広いお家の掃除が、ああ大変！　そんなことまで考え始めたとき、そんなわたしに気づいたのか、ポーラさんがわたしに追加のカクテルを勧めながらこう言った。

「モーナはいつも言っていた。

『あなたの内なる働きにすべてはかかっています。あなたがウニヒピリにどれだけ安心を与え、小さな喜びを共有できるかにかかっています。内なる子供とあなたの関係がバランスを取り戻したとき、父であるアウマクアがこの家族にぴったりの環境を与えてくれます』

ってね。夢とか憧れとかってあるよね。でも、そんなものさえも、あなたそのものを足りなくさせる要素ではないんだよ。あなたは生まれたときから、この宇宙に誕生したときから、パーフェクトなんだよ。暮らしに満足できないとき、何か違うものに目が向いているとき、それがウニヒピリからあなたへのささやかなお手紙だと思ったらいい。

膨大な記憶の倉庫から、あなたに『今この記憶があるよ。これをクリーニングしたら、もっとほんとうの自分につながるよ。ほんとうの幸せが待っているよ』っていうメッセージ」

ホ・オポノポノを始めてから、自分の今の暮らしに感謝できるようになった。決して不満ではなかった。でも、ふと、自分の何かを刺激するものを見つけると、途端にそこにいる自分を想像してみたり、なぜこういうものを持っている人がいて、自分はそうじゃないのだろうと思うことは今でもある。

そういうとき、無理に自分の今あるものに感謝して、憧れを見ないようにしてしまう。でも、これはウニヒピリからのお手紙なんだ。わたしのウニヒピリがたくさんある情報の中から、今の私達にぴったりなものをいくつか選んで、送ってくれた。わたしはその手紙を受け取り、読んで、感じることを「愛しています」と言って、クリーニングする。

長いこと操縦に集中していたジョナサンさんが一段落して口を開いた。

「このイカダはね、この家に引っ越してから僕とウニヒピリが初めてした共同作業の賜《たま》物《もの》なんだよ。ポーラが素晴らしい家を見つけてくれて、なんとかお金も工面できて、引っ越しをした。幼い息子がいたし、引っ越しって大変だ。今までだったら引っ越してすぐに、足りない家具を必死で探したり、ご近所さんに挨拶に回ったり僕がリーダーシップを持ってやっていた。でも、ここに来たとき、ほんとうに自分に話しかけたくなった。何がどうさせているかは僕にはわからないけれど、ここまで一緒に来てくれて、引っ越しを実現させてくれてありがとうと、こころから思った。そう思ったとき、自然と内側に聞いてみたんだ。『この家で暮らし始めることに正直不安もある。どうか僕ができることをわかりやすく教えてほしい』って。

そうしたら、この家を初めて訪れたときから目に入った、この川を思い出した。そしてふとひらめいた。そうだ！　イカダを作ろうって！　妻からしたら、迷惑だったと思う。引っ越しの手伝いもそこそこに、引っ越し早々夫がイカダ作りを始めたんだから。でも、たんたんとイカダを作ったんだ。不思議と夫婦喧嘩はなかった」

ポーラさんが口を挟んだ。

「いないほうがどれだけはかどったか」

「そう、僕がそのとき、ほんとうに自然な流れで何かをやっていると、そこに邪魔ものはなかなか入らない。でも、そこに何か考えとか、不安とか期待があるとき、それはちゃんと目の前に形となって現れる。でね、このイカダは初めはモーターもついていなかった。ただのイカダ。でも、一応完成して、ほんとうは息子達を乗せてあげたいと思ったけど、自分が先に乗ろうって思った。ウニヒピリを先に乗せてあげたいって思った。最高の気分だった。それから、何か自分がぶつかることがあるとき、精神的に安定が必要だと思ったとき、ちょこちょことこのイカダを改良しているんだ。ウニヒピリと僕の最高のコミュニケーションになるから。自分の頭では、いっそ全部土台を一からポリタンクのものにしたいと思うけど、ウニヒピリに相談するとそうじゃないって。まずは、この初めのベースに付け足したいって出てくる。

ウニヒピリと話せなんて、初めモーナに言われたときは勘弁してくれって思った。そんなおかしなこと、大の男ができるもんかって。でも、イカダを通して、自分の中にいろんな思いを溜め込んで、自分の人生の中で様々なものを見せてくれる一部があるって気づいたよ」

よく改めて見渡すと、そこは高級住宅地。イカダというよりも、このまま海に繰り出せるような立派なヨットやクルージング用のボートがそれぞれの家の川べりに停まっている。このイカダだって十分立派だけれど、継ぎ足し継ぎ足し作られている部分がよく見ればすぐに見つかる。でも、今わたしにとってこんなに信頼できる乗り物は他にはない。日々クリーニングしている人が、コツコツ内面と向き合いながら、完成させてきたこの乗り物は、ほんとうの意味で、生きることを大切にしている人が作ったものだから。その人のたましいにぴったりと寄り添った、安全と信頼の乗り物。

低い橋の下をくぐり抜け、日が沈みかける頃にようやく海が見えてきた。ここが行き止まりだ。いままで何度もこのルートを通って、ジョナサンさんは一人で、そして奥さんや息子さんを乗せ、ときには友人たちを乗せて、このイカダを走らせてきたのだと思う。乗るたびに見える美しい風景、最後に見渡す広い海はきっといくら見ても見飽きることはないだろう。このイカダは特別なイカダ。ジョナサンさんとウニヒピリが自分を生きる旅で出会った、最高の乗り物だ。日々体験される、いく通りもの問題や感情をこのイカダで漕いでいく。

どんな人にも乗り物が与えられている。わたしはこのホ・オポノポノという乗り物でいろんな道を漕いでいこう。

オアフの夜、博士からのメール

千穂さんに、わたしのステイ先であるコンドミニアムまで送ってもらった。明日は朝一番の飛行機でビッグアイランドへ向かうため、早めに別れた。さすがに、丸一日をかけてオアフ島を半周して、からだは少し疲れていた。旅って不思議だ。どんな宿でも、戻る先がその旅のマイホームになる。さらにきちんとクリーニングして、その場所の中に神聖さを見つけていけば、どんなに小さなワンベッドルームだろうと、そこがわたしのシャングリラになる。

これは、ホ・オポノポノを通してヒューレン博士がわたしに教えてくれた旅の秘訣だ。部屋のアイデンティティーと出会えば、わたしの居場所は簡単に見つかる。パーティーとか団体で集まることが少し苦手なわたしに博士は昔こんなことを言った。

「行く先で、まず仲の良い友達を見つける前に、その場所に挨拶をするといい。その場所で、自分がどこに座ったらいいですか？　と聞いてみたらいい。正直に緊張や不安をその場所でクリーニングしたらいい。そうしたら、場所のほうからあなたに居場所を提供してくれるよ」

それから、友達の誕生日パーティーで、初めて訪れる友人の新居で、会議のため訪れた大きな会社で、病院で、婚約者の実家で、どんな感情が出てこようと、その場所に向けて、こころの中で自己紹介をする。そうして、正直にクリーニングしていく。そうすると、自然と空いた椅子に座って、そこで出会う人と自然な会話を楽しめることが増えてきた。場の持つ力ってすごい。そんなことを日々実感している。

部屋に着いて、少し落ち着いてからメールをチェックすると、ヒューレン博士からメールが届いていた。

ドン・キホーテは死ぬ直前に気づきます。自分は誰かを救うことではなく、自分のたましいの救済の旅につくべきだったのだと。ホ・オポノポノと出会う前、わたしは教育者としてドン・キホーテを生きていました。そしてホ・オポノポノを通してわたしは気がつきました。患者を通して体験する苦しみ、矛盾、不条理などのすべては、まずわたしの内側で起きていることなのだと。であるとしたら、まずわたしが救わなくてはいけないのは、繰り返し繰り返し、苦しみを再生し続けているもう一人の自分であるウニヒピリなのだと。

あなたもわたしも同じように、いつも選択する自由を与えられています。かつて、ドン・キホーテが世界に見た狂気を生きていくのか。それとも、曇った眼をクリーニングして、ディヴィニティーがあなたといういのちに与えた甘美をこの世で体験するのか。

教授という立場を離れて、モーナについて生活を始めたとき、わたしはソファーで寝るような生活をしていました。からだの中の半分が疑い、からだの中の半分が生きる喜びで満たされていました。

そんなある日、オアフで開かれた大きな授賞式に、モーナがノミネートされたので二人で行きました。ハワイの文化人を讃えるか何かの式でした。わたしは部屋の一番端っこの席に座ろうとしましたが、モーナは『わたしの席を見つけなくちゃ』と言って、しばらく瞑想していました。そして椅子を見つけ座りました。それは部屋のちょうど真ん中の席でした。わたしは仕方なく、彼女の隣に腰をおろし、周りの様子を見ていると、みなざわざわとモーナを見つけては、違う場所に移動しました。わたしは、よっぽどモーナは尊敬されていて、そばに座ることさえ、恐れられているのだと最初は思いました。しかし、それはわたしの勘違いでした。古代ハワイの伝統を重んじる人々から当時のモーナは爪弾きにされていたのです。わたしに聞こえてくるのは、なかなか冷たい彼らの批判や噂の声でした。動じないようにしようと、わたしもクリーニングで自分を整えていましたが、隣のモーナは、身動き一つしません。瞑想しているのだろうと、顔を覗き込んでみました。彼女は気持ちよさそうに居眠りをしていました。彼女はそんな女性でした。そんなモーナをわたしはこころから愛し、尊敬していました。

おやすみなさい。あなたがあなたでいることで見える世界を愛してください。

平和はわたしから始まる　イハレアカラ

Ho' oponopono Journey

HAWAII

—Part 1—

ハワイ編

1

ワイレアと霧の中に立つ家

素晴らしい目覚めだった。昨日のインタビューが、雨上がりの虹のように、ただこころを照らし、かと言って、自分自身をいつまでもそこに縛り付けるようなものでは一切なかった。彼らに対する恋しさや昨日の思い出にひたることよりも、自分がこの旅でしていることにきちんと焦点が合う感じ。今からオアフ島を離れ、違う場所に向かうことに良い意味で緊張感を持っている自分が、なんだかたくましく感じる。いま起きていることに、こころもからだもちゃんとついてきている実感がある。まるで長い時差ぼけからようやく目覚めたような、すがすがしさが全身を巡っている。時間や土地にもアイデンティティーがある、そんなホ・オポノポノの教えをなんとなくからだで感じているような気がする。

ビッグアイランド（ハワイ島）のインタビューでも撮影をお願いしている千穂さんと、タクシーで一緒にホノルル空港国内線ターミナルへ向かう。朝一番のハワイアン航空の便だが、朝から空港にはたくさんの人がいた。親戚に会いに行く様子のファミリーや、そのまま乗り継ぎで旅行に向かう人、プロサーファーのような人々がゲートが開くのを待っている。

出発前に、携帯でメールをチェックすると、ヒューレン博士からまたしてもメールが届いていた。こんなふうに博士としょっちゅうメールでやりとりをすることは滅多にないため、少し驚いていた。普段の事務的なメールのやりとりでは、ただ一言「cleaned!」と返事が来るだけなのだ。ただ今回の旅の中で、わたしがきっと自分が思っている以上に、いろんな期待や意思を持ち込んでいることを、ヒューレン博士は誰よりもわかっているのだと思う。

それを決して戒めることはせず、わたしがわたしに戻れるように、博士とのメールを通して会話させてもらっている気がする。

わたしがハワイの精神科病棟で働き始めたときに、モーナから言われたこと。『あなたがインスピレーションを作ることはできません。あなたがクリーニングを選択することで、ディヴィニティーがマナ（ライフ・フォース／いのちの力）を使い、あなたを通してインスピレーションを流します。あなたはその働きの中にいるだけでいいのです。そこで見えることに忠実に生きるだけでいいのです。まずはあなたが自由であることが最初に来ます。記憶からの自由です。すべてはそのあとで流れ始めます』

私達は、選択する自由は与えられているけれど、何かをコントロールすることはできない。そのことへの気づきが、わたし自身、そしてあなたが『自由』を生きることへの鍵だよ。

人と話すとき、その人の話をほんとうに聞いているのかどうか、よおく自分を観察してごらん。ほとんどの場合、相手を通して、自分の中の記憶を見せられている。相手の話が終わる前に、あなたの記憶はすでにその結末を用意してくれてさえいる。

話し合う、通じ合うということは、あなたの中にある、その人との記憶をクリーニングしたあとでないと起きないこと、それは神聖なことなんだ。

あなたが、いま歩いている旅は、あなた自身への旅。どんなに周りに問題を持った家族がいても、救わなくてはいけない人が社会に溢れて見えようとも、あなたの中にどんな大義名分があろうとも、あなたが今いる場所は「わたし」への道。

自由を自分に与えるとは、何か大きな活動をしなさいということではないよ。毎日毎日、ただ自分を生きる。こうだと思う自分があれば、それさえもクリーニングして、その場所でも、自分を生き続ける。そうすれば、自由のほうからあなたに顔を向けてくれるようになる。そして、それがほんとうはもともと自分の中にあった平和だということに気づく。

インスピレーションガーデン

まるで、今日から始まるビッグアイランドでの旅のほんとうの目的を教えてもらった気がした。誰かのために、どんな目的のために、の前に、わたしがこれを通して体験することをゼロにしたとき、わたしの中にどんなインスピレーションが働くのだろう。

搭乗の時間がやってきた。オアフ島からビッグアイランドへは、飛行機で約一時間の短い飛行だ。ハワイ諸島には八つの大きな島がある。ビッグアイランドはその中で一番若く、一番大きい島だ。今回は、ワイレアさんという女性とKRさんを訪ねる。KRさんは普段オアフ島に住んでいるが、二〇一二年にこの島の広大な牧場主となり、二ヵ月に一度の割合でこちらで暮らすようになった。

コナ空港に降り立った私達をワイレアさんは、真っ白い車で迎えに来てくれた。数年ぶりの再会を笑顔で迎えてくれたワイレアさんは背が高く、透き通った海をそのまま映し出したような真っ青な目が印象的な女性だ。空港を出てすぐのところから広がる黒々とした溶岩道路を、まっすぐまっすぐ北に向け、早速車を走らせていく。ワイレアさんの家があるワイメアに向かうのだ。

車に乗りながら以前、ここハワイ島で暮らしたことのある千穂さんが教えてくれた。広大なハワイ島はマウナ・ケア山をはさんで島の東と西で劇的に気候が変わる。島であるにもかかわらず世界の主な五つの気候のうち四つの気候を島内にすべてもっており、また高度によって、いくつものバラエティーに富んだ気候帯や生態系が存在している。先ほどまでいたオアフ島と比べると道も遠くに見える山もなんだかすべてが大きくて、同じハワイでも、違う島に来た実感が少しずつわいてきた。今向かっているワイメアは、牧場地帯を越えたあたりから山が多くなる。この地域は一年を通して霧が発生しやすく、それを人々はワイメアミストと呼んでいる。

所々でワイレアさんは車を停めて、自分のお気に入りスポットを私達に紹介してくれる。牧場脇に一斉に育っているサボテンたち、よっぽどゆっくり歩いていなければ、決して見つけることはできないような、洞窟の入り口。そこで少し車を降りて、ワイレアさんが紹介してくれた場所に、こころの中で挨拶すると、それを通してわたしは徐々にハワイ島と出会っているような気がしてきた。大地のほうから、そこに咲かせる野花を通して、わたしの存在を見て知ってもらっている気がする。わたしが飛行機のチケットを手配したから来ることができ、観光しているという一方的な関わりではなく、わたしがこの土地にお邪魔させてもらっている、何がほんとうの理由かはわからないけれど、お互い、いま出会っている。そんなタイムリーな尊さ、新鮮さがからだに湧き立ってくる。千穂さんは長く暮らしたこの島への再訪を喜んでいる様子だった。はしゃぐようではなく、じっくり落ち着いて、一歩一歩散歩している姿が見える。ワイレアさんもただ彼女らしく、私達の様子を見ているようでいて、彼女は彼女のリズムに戻っている。

それぞれが全く異なる方法、方向からハワイ島と関わっているのがよくわかって、面白かった。これと同じように、この土地に住むすべての人、仕事や旅行で訪れるそれぞれの人が本来、この土地との間に千差万別のアカコードを持っている。ホ・オポノポノではそれをカットすることができる。カットすることは捨てることとは違う、不要なものは手放して、ほんとうのつながりの中で一緒に生きていくこと、とヒューレン博士は教えてくれた。

だんだんと牧場地帯から山道に入っていく。両脇にのびのびと山林が広がり、窓を開けてみると、濃いいのちの匂いがすべてを包み込んでしまうほどだった。

「もうすぐよ」。ワイレアさんが言った。

「今でも思い出すの。あの日、車を走らせていたら、この家と出会った。それまで全く関わりのなかった場所とあるとき出会って、こんなふうに自然と暮らすようになっているだなんて、土地と自分の関係って、決してわたしだけの力で起こせるものじゃないのよね」


わたしはそのとき、台湾のＳＩＴＨオフィスで働くようになって一年が過ぎていた。さらには翌年に、台湾人の彼と結婚する予定を立てていた。人に説明するとしたら、仕事で台湾に行って、好きな人ができて、その人と結婚することになった、ただそれだけのことだけれど、ワイレアさんの話を聞きながら、より一層、わたしはわたしの身に起きている、この流れの不思議を感じずにはいられなかった。流れは起きてしまった、だから、もうこの中を、ホ・オポノポノを使って泳いでいくしかない。そんな感じだった。もちろんとても幸せなことだけれど、このあまりの自然な流れとスピードは、決してわたしの知恵や行動だけで起こせるものではない、というのを常々感じていた。わたし、彼、それぞれの家族、土地、いろんなものが意識の下で、いろいろと動いているのだ。

小道を入って、さらに細い小道を入り、ようやくそこが私有地になったことに気づく。家までの道はさらにさらに細く続いている。遠くからは、長く伸びた雑草が、その先を見せないようにしていたが、車が入ると、待っていましたというように、道がどんどんできていく。

鉄のゲートが目に入る。わたしが車の外に出て、渡された鍵で、それを開こうとすると、そこには片耳が半分ない小さいヤギがいた。メェェェェと鳴いた。窓から手を振ってワイレアさんがただいま〜とヤギに話しかけた。車に戻ったわたしに教えてくれた。

「かわいそうに、あの子が来たばかりの頃、先にいた飼い犬たちに耳をかじられてしまったの。今でもいじめようとするから止めるけど、彼女も最近はたくましくなった」

なんてワイルド！　と思いつつ、このジャングルの中で、他にも家族がいることを知って、なんだか安心した。

小さな畑のようなものがポツポツとあって、その先に敷地のわりに小さめのかわいらしい一軒家が建っていた。家の前に車を停めて、ワイレアさんが満面の笑みで言った。

「ようこそ、我が家へ！」

すでにかなりの長距離を運転していたにもかかわらず、ここに着いたら当然生き返ると言わんばかりに、早速私達に庭を案内し始めた。ほとんどジャングルの一部となっているその庭だが、しばらくするとだんだんとそのオリジナルな秩序が見えてきた。黄色いダブルイエローハイビスカスや、野ばらや様々な異なった蘭が、お互いに十分なスペースで咲いていた。野菜ゾーンでは、ナスやキュウリ、トマトがその時期には生《な》っていて、他にもこれから実をつけそうな葉野菜が土から顔を出し始めていた。これは全部食べるの？　と聞いてみると「いろいろ試しているの。どれがこの土壌に合っているのか、まだはっきりとはわからないから。このトマト、ぜひ食べてほしいところだけれど、このまえ食べたら、味が全然なくて、ソースにしか使えない」。

そのとき、さらに奥の森の中から二匹の小さな生き物が走って、こちらに近づいてきた。小さなダックスフントと雑種の中型犬だった。まさかこれがヤギの耳をかじったの？　と思ったら、ワイレアさんは答えるように「この子達がここのボスなのよ」と言った。千穂さんに教えてもらった通り、ここはどことなく湿っていて、空を見ても青空がちらりちらりと見えるだけだった。でも、不思議とこの庭にいると、太陽の光をとても強く感じる。繊細だけど鮮やかな花の色が霧で少し霞んで空気に広がって見えて、まるでおとぎ話の世界のようだった。

「わたしのインスピレーションガーデンなの」

そうワイレアさんは呟いた。

ワイレアさんの家は、とても古い木の家だった。家の中に入ると、そこはまるで妖精か何かの住処《すみか》のように、たくさんの色で溢れていた。

「これもあれも、全部道に捨ててあったモノか、物々交換したモノよ！」と、自信満々に教えてくれた。それらはよく見てみると、確かに統一されたものではなかったが、ワイレアさんがこの家はもちろん、家具一つひとつをクリーニングしながら、一緒に暮らしていることがわかる。明るく、その家にしっくり馴染んでいる。キッチンには光が差し込み、古い窓ガラスが外を不思議に歪めて映し出す感じは、やはりおとぎ話のようだ。

鬱と怒り発作

たっぷりとしたふかふかのソファーに腰掛けて、お話を聞かせてもらうことにした。

「わたしはほんとうに勉強ができない子供だったの。文字を読むことや書くことがずっと苦手だった。だから中学に入る頃には、高校は行かないと決めていた。地元イリノイ州でアルバイトをして、そこで恋に落ちた人と結婚して子供を産みました。周りのみなが大学生になった頃には、わたしは二人の子供の母親になっていた。嬉しかった。でも、彼らが小学生になる頃、夫が突然家を出て行ったの。『これ以上、こんな暮らしはできない』と言って。夫が出て行ってしまったこともちろんショックだけれど、『こんな暮らしはできない』という夫の残した言葉に深く傷ついている自分に気づいた頃、わたしは鬱になっていました。近所に住んでいた母に放課後子供達を預け、その間に働き、どうにか生活していましたが、鬱の状態は日増しに深刻になり、医者からは積極的に薬物療法を勧められ、睡眠薬だけは服用することになりました。そんなある朝、一番下の子の泣く声で目覚めると、なんともうすぐ正午になるところでした。わたしは仕事に遅刻し、何よりも朝から子供達に何も与えていなかったことに気づいて、パニックになりました。このままでは誰かが死んでしまう、と心底恐ろしくなった。

でも、とにかく生きていかなくてはいけないと思い、働いて、時間なんてないのに、子供と遊ぶ時間を無視して、空いた時間は出て行った夫を探す、そんな日常だった。すると今度はパニックが頻繁に起きるようになっていった。子供たちが転んだり、ものをこぼしたり、テレビが突然大きい音を立てるとパニックが起きる。そこで今度は医者に『怒り発作』だと診断されました。さらに、発作が出たときに飲む薬と睡眠薬によって、疲労がどんどん溜まっていきました。

そんな中、セルフヘルプに詳しい友人に勧められ、あるサイトを見たの。ヒューレン博士の『誰の責任なのか？』でした。それを読んだとき、わたしは今すぐこのことを学ぶ必要がある、と飛び上がりました。ちょうどもうすぐ三十歳になる頃だった。インターネットで調べると、隣の州でクラスが開催されていることを知りました。自宅から約五百キロ、車で六時間近くかけて、運転して行けなくもないと思いました。クラスは二日間、お金もないので、車の中で寝泊まりして参加することに決めた。

クラスの一日目が終わり、何しろすごく集中した講座だったので疲れていました。会場で知り合ったご夫婦が滞在するモーテルの駐車場に車を停めさせてもらえるようにお願いをし、そのまま車に乗り込もうとしたの。夜ごはんは家から持ってきたクラッカーで済ませようと思っていた。でも、車に向かう間に、その日講座ではじめて知ったウニヒピリという存在に、早速話しかけてみることにしました。

『ハロー？　元気ですか？　あなたに話しかけてもいいですか？』

こんなふうに話しかけたと思います。そしたら、ほんの小さな声で自分の中からこう返事がありました。

『フィッシュサンドイッチが食べたい』

馬鹿げた話だと思うよね。でも、初めて自分の内なる子供に話しかけたとき、かすかな声で、そんな声が聞こえてきたら、あなたはどう思う？　わたしは胸を打たれた。自分のウニヒピリがわたしに聞いてもらいたいこと、そのときしたいこと、それはたった一つのフィッシュサンドイッチを食べることなのだと思うと、なぜだか、胸にこみ上げてくるものがあった。近くのダイナーに立ち寄ることにしてメニューを開くと、そこにはしっかりとメニューとしてフィッシュサンドイッチが載っていたの。お金のことが心配だったけれど、モーテルの駐車場をただで利用できるわけだから、この流れに乗ってみようって、思い切って注文しました。

わたしは一人で外食なんてしたことがなかったので、注文するまでは罪悪感と不安で胸がそわそわしたけれど、注文したらなんだか今度はわくわくする。小さな頃、友達とずっと外で座っているだけでいくらでも楽しめる、そんな感覚を久しぶりに思い出していた。決して一人の寂しいディナーなんかじゃなかった。自分の子供の存在を忘れているわけではないけれど、それまで実家に残した子供達への罪悪感から来る後ろ髪を引かれるような寂しい気持ちではなく、自分の軸がしっかりとして、彼らの親として彼らを思いやり気遣うと同時に、信頼している、たくましい自分がそこにはいて、自分を誇らしくさえ思った。とてもシンプルなフィッシュサンドイッチが運ばれてきて、一口ほおばると、なんとも言えない温かく守られているような感覚になり、そこで、はっきりと自分の内にウニヒピリの存在を感じました。ああ、この安心感はわたしが母親として唯一内なる子供に与えられる安心感なんだ、と心底、自己の働きに驚いたと同時に、今までどれだけこの感覚を無視し、ないがしろにしてきたのか、こんな小さな声を無視してきたことで、どれだけ自分自身を傷つけてきたのか、涙が溢れ、こころからウニヒピリに謝りました。その晩のサンドイッチの味を思い出す度に、自分こそがわたしの人生をどこまでも豊かにできる唯一無二の存在であることに今でも気づかされるのです」

ほんとうの自分への道

ここまでの話を聞いて、わたしが昔、ホ・オポノポノを始めたばかりの頃、なかなか前に進まずに苦しんでいた、恋愛での様子にヒューレン博士が何気なく与えてくれた言葉を思い出していた。わたしには当時好きな人がいたが、その関係性の中で、なかなか安心や信頼を感じるようなことはできなかった。相手を好きになるだけ、自分がみじめに小さく感じる、そんな恋愛だった。そこでヒューレン博士は、そんなわたしを知ってか知らずか、突然こんなことを言った。

「あなたが誰かに願っていること、こうしてもらいたいと思うこと、そうしてもらえたら嬉しいことを、自分自身に与えてごらん。どんなにあなたの外側で問題が起きていても、すべてはウニヒピリが見せてくれていること。あなたのウニヒピリにまずは応えてあげてごらん」

ただ、それだけのことだったが、何をしてもうまくいかない関係の中で、ええい！と思い切って、とにかく自分との時間を持つようにした。例えば、相手に電話をしたくなったら、自分のウニヒピリに話しかけてみる。「元気？　調子はどうですか？」。また、デートに誘ってほしいと思ったら、ウニヒピリに話しかけてみる。「何か食べに行かない？」。そこでなんとなく、アイスクリームが食べたいと思ったら、馬鹿馬鹿しくても面倒くさくても、とにかく足を運んでそれを実践することを続けていくうちに、自分といる、ただそれだけのことで満足するようになった。幸福感が増して、いつも不安でいたのに安心している状態が多くなった。そこで、相手が変わった。まるで、わたしがウニヒピリをケアするように、相手はわたしをケアしてくれる。わたしがウニヒピリを喜ばせるように、相手も自分を喜ばせようとしてくれる。もうその頃には、わたしは自分でいることがあまりにも自然で、その流れの中で、自然とお別れをすることになったのだが、寂しさはなく、お互いがただただ次に進めた。博士が言う通りだった。

「あなたとウニヒピリの間で平和が体験されれば、その幸福に集まるように、外側でも変化が起きてくる。愛を内側で取り戻せば、外でもそれを見つける」

ワイレアさんは、長いこと無視し続けてきたウニヒピリの声に、フィッシュサンドイッチを食べることでようやく応えることができたのだ。決して馬鹿馬鹿しくなんてない。それをその瞬間、実行できるか、できないか、これだけが唯一の「ほんとうの自分」への道なのだ。わたしは感動して聞いていた。

モーナと子育て

「それがわたしの初めてのウニヒピリと二人きりのデート、ほんとうの自分との出会いです。それからクラスの二日目を終えて帰宅しました。クラスで学んだことは、考えると理解が難しいのですが、実践すると、とてもシンプルで実際に働くメソッドであることがわかってくる。

実践を続けていく中で、ホ・オポノポノは決してモチベーションを上げたり、ポジティブになるためだけのものではないということを、あらかじめはっきりとクラスで知ることができたので、実生活に戻ってから、感情の面での大きなギャップに苦しまずにすんだわ。

というのは、鬱と怒り発作という診断をくだされて以来、わたしは三十歳になるまでに、すでに様々な問題解決法を試していた。それらにその都度支えられてきたことは事実だけれど、いくら自分のモチベーションを上げるために勉強会で必死に取り組んでも、実生活はいつでも同時に存在している。わたしが元気でいても、家族は家族として生き続けているから、わたしが一つのメソッドを貫きたくても、はっきり言って、頑張れば頑張るだけ世の中はその邪魔者としてしか現れてくれないわけ。だから、何度もくじけてきたし、それにくじける自分がますますいやになっていた。でも、ホ・オポノポノでは現実は外側ではなく、自分の内側で再生される記憶に働きかけるわけだから、苦しくても、いつでも現実を、今を生きていける。そのときだけの甘いキャンディーというわけにはいかないけれど、現実に生き続ける自分のほうがよっぽど楽で頼りがいのある存在であることに次第に気づいていく。

だから、初めてクラスを受けて家に戻り、再び子供達や仕事と関わったときも、学んだことをそこで実践できないという苦しさは一切ありませんでした。むしろ、実生活にいるからこそ実践できるのよね。ホ・オポノポノを生きるチャンスはほんとうに今、ここにしかありません。どこで誰といようとも、クリーニングのチャンスはしっかりとここにある。自分のいる場所ならどこにでもある。

そこから、わたしは自分の職場や家庭でホ・オポノポノを実践しつつ、金銭的にも時間的にも余裕があるときには、ＳＩＴＨのクラスや講座に参加しました。やっぱり忘れちゃうからね。そして、モーナに会いたかった。『ホ・オポノポノは実践することが大切で勉強することではない』、とモーナは初めて会ったとき言っていたの。初めに話したように、わたしは勉強がほんとうに苦手だった。話しかたものろまで、学校では生徒はもちろん、先生にも疎《うと》まれていた。小さな田舎だったから、女の子であまり綺麗ではなくて勉強も運動もできないとなれば、親からだってみなの前で馬鹿にされるような環境だったの。だから勉強会に参加したり、何か頭を使うことは、自分の恥をさらすことだと信じてずっと避けてきた。でもモーナと会うと、自分が知識から自由になって、それよりも、わたしが今ここで生きていること、ここでクリーニングしながら、生活を築いていることに不思議と自信を感じるようになった。

あるとき、子供達を連れてクラスに参加したことがあった。上の子二人はもう椅子にじっと座っていられる年齢になっていたのだけれど、一番下の子は、とてもやんちゃでね。部屋中を駆け回っていた。ほんとうにいらいらして、わたしは子供を外に連れ出したり、また無理やり席に座らせたりしていた。周りの目が気になって、息子に無理やり絵本を持たせて読ませようとしたの。そうしたら、モーナが突然席に近づいてきて、息子にこう言ったの。

『あそこには、ほんとうにドラゴンがいるわね』。そう言って、息子が駆け回っていたあたりを見つめるの。

『教えてくれてありがとうね。おかげで、クリーニングができたわ』と真顔で言って、またクラスに戻った。わたしは初め、冗談でモーナが息子に調子を合わせてくれているのだと思っていた。でも、不思議なことに、その後息子はずっと席に座って、話を聞いていたり、絵を描いたり、すっかり落ち着いてしまった。息子に『ほんとうに、この部屋にはドラゴンがいるの？』と聞いてみたら、『さっきまでいたけど、今はいないよ』と答えた。なんだかよくわからなかったけれど、モーナが特別な力で息子を落ち着かせてくれたんだと思って嬉しかった。休憩時間中にモーナのもとにお礼を言いに行くと、こう言われた。

『問題は子供にはない。子供達にホ・オポノポノが必要だと思うあなたのその思いをクリーニングしない限り、子供たちは自分のすべきことを見つけることはできない。子供はすべて見ている。あなたに見えないものまで。盲目にさせているのは、あなたの記憶です』

いつもの優しい口調で言っているのだけれど、とても厳しく感じた。そこで気がつきました。わたしはいつの間にか、問題児を扱う母親になっていたことを。でも、わたしの中の記憶が本来完璧な子供達を問題児だと見せているだけなのだということを思い出しました。子育てはいつだって大変だった。でも、それ以降、子供達が喧嘩したときは、まず自分の内側をクリーニングするようにした。すると次々といろんな思いが溢れます。しつけられない自分がみじめとか、わたしと同じように子供が周りの目から馬鹿だと映ったらどうしようとか、子供達を見ている自分ではなかったの。子供を通して、自分の内なる恐怖を見ていた。だから、そのことに気づかされる度にクリーニングしていると、すっと簡単に喧嘩が治まったり、買い物に行くときは、一緒に歩いてくれたり、そういうことが自然と増えてきた。子供は子供として成長しているということをもう少しで見失うところだったけれど、ホ・オポノポノを実践することで、子供が子供らしく、わたしの過去とは全く独立したところで、わたしの想像を超えるようにして人間関係を作り、勉強に興味を持っていく姿は感動そのものでした。

子供たち三人が二十四歳、二十一歳、十九歳になった頃、私達はまだ一緒に暮らしていました。それぞれ、自分たちの仕事を持っていたのですが、なかなかその家を誰も出ていこうとはしなかったの。アメリカでは、学校を卒業する頃には大体の人が一人暮らしをするのだけれど、私達はみなで一緒に暮らしていた。そんなとき、わたしは目的が何なのかわからないけれど、今、家を出て、一人で生きるタイミングだということが、ふと湧き上がりました。なんてこと、と思った。貯金もないし、子供達がわざわざ家にいてくれて、このまま助け合って生きていけるはず、そうどこかで思っている自分にも気づきました。だから、それらをそのままクリーニングしていきました。すると、車で旅行会社に行って、ハワイのビッグアイランドへの片道チケットを手配していました。

子供達に、ビッグアイランドにこれから行くことと、できたらこれからはそこで一人で暮らしたいということを伝えました。彼らのことをこころから愛していると伝えようとしたけれど、子供達はそれを聞こうとはせず、相手にしてくれませんでした。そして、ビッグアイランドに旅立って二年半、一度も家には戻りませんでした。

でも、今のわたしたちは今までで最高の関係です。彼らは突然家を出ていったわたしに初めは怒っていたし、電話越しでは、『なんてひどいことをするんだ』と泣かれることもありました。それは自分自身に、旅が始まったときから言い続けてきた言葉だったの。だから、その体験も罪悪感も、すべてクリーニングしていた。そして電話は月に一度必ずかけ続けた。そうこうするうちに、みな自分たちの職場に近い場所にそれぞれ家を借りるようになって、みなが自分たちの生活を創作し始めた。そのあたりから、経済的にも人間関係も自立するようになった。

わたしはとても小さな町で生まれ育ち、そこで子供を育てました。小さな町というのは、もうほんとうに細かなことまで、みながお互いのことを知り尽くしています。誰の彼はあの人で、この子供のお父さんは誰で、この家族はセール品になった洗剤しか買わないとか、そんなことまで筒抜けです。日曜はみなが教会に行くし、行かなければ心配される。そんな町でした。筒抜けというよりも、絡み合いすぎて、自分のことがわからない。そんな体験を改めてクリーニングするきっかけでもあったし、その流れの中で、みながそれぞれのアイデンティティーと出会える場所で暮らし始めたのです。

ホ・オポノポノと出会ってから十五年後、四十五歳でビッグアイランドに来たの。クレジットカードも貯金もないまま、キャリーバッグ一つで。以前クラスで出会った一人が家に泊まらせてくれて、仕事を見つけるまでの三ヵ月、その家に泊めてもらう代わりに、家事から庭仕事、すべてをさせてもらいました。

そんなある日、車を借りて、町に買い出しに出た帰り道、さっき来た山道を通ったの。今でも不思議だけれど、なぜかここを右に行けばいいような気がして、道とは到底思えない道をまっすぐ上がっていった。そこで、空き家を見つけたの。茂みの中に『売り出し中』という看板を見つけたわ。家はビッグアイランドに越したときからずっと探していたけれど、イメージしていたのは、小さなアパートで、こんな庭つきの一軒家ではなかった。だから、その家に少しでも興味を持った自分を恥ずかしく思った。買えるお金もないし、信用もない、どう考えても無理なのに、なんでこんなところを見つけてしまったんだろう！　って怒りさえ感じた。その夜、アパート探しを手伝ってもらっていたKRから突然電話がかかってきました。

『最近調子はどう？　気に入った家はあった？』と素知らぬふうにしてKRは明るく言いました。『KR、なんだか気分は最悪よ』とわたしが言うと、KRはただだまってクリーニングしているようでした。そこで突然こう言いました。

『いいえ、違うわ。あなたってば、最高じゃない！』と言うのです。そこで、わたしが家を見つけた話をすると、『やったじゃない！　そこはあなたの家よ。インスピレーションガーデンがあるわ』と、見てもいないのに言ったのです。実際、その頃はガレキの山でしたが、一目見たとき、そこに花や野菜が実っているイメージが次々に溢れ出てきた。

話しているうちに、わたしはだんだんと落ち着きを取り戻し、ウニヒピリが興奮していただけだったのだと気がついた。未だかつて体験したことのないことをしようとしていたので、そこから来る恐れが溢れていたの。

かつてモーナが言ったことを思い出しました。

『感情が揺れ動いているときというのは、そこであなたがクリーニングをすべきですよ、と宇宙があなたに話しかけている証拠です』

そこで、気づいたのは、わたしはその家に居場所を作ってもらおうと思っていたけれど、そうではなくて、わたしはこの場所を通して、自分の中のあらゆる記憶をお掃除していくときが来ていたのだということ。KRは立て続けに言いました。

『ここでウニヒピリの言っていることを見失わないで。あなたが捕らわれている常識でさえウニヒピリが見せ続けてくれていることなの』

そこから、わたしはウニヒピリに話しかけ続けました。

『ウニヒピリ、気づかせてくれてありがとう。私達がほんとうの絆を取り戻すチャンスなのね。それにぴったりの家を見つけてくれたのですね。この土地で一緒にクリーニングしていきましょうね』

そこから流れが変わりました。まず、それまで居候させてもらっていた家主から、近所に住む老夫婦のヘルパーの仕事を紹介されたの。面接に行ってみると、夫であるおじいさんは、もともとからだが大きく重たい奥さんを持ち上げたりすることができなくなっていた。かといって、男性のヘルパーには頼みたくないという奥さんの要望があった。そこで、わたしの出番です！　わたしはなんせ、小さな頃からからだが丈夫で、見ての通り頑丈なのよ。力仕事にはほんとうに自信があった。そこで、すぐに仕事が決まり、彼らはなんと、わたしがローンを組むのに十分なお給料をくれると約束してくれたの。そして今、わたしには理解できないスピードで、この五エーカーの土地に、わたしは住んでいます。

さらにね、この家の話には続きがあるの。あるとき、息子から電話がかかってきて、『お母さん、実は家を買おうと思っているんだ』と言います。『どこの家？』と聞くと、『お母さんと暮らした家だよ、そこを買うよ』と言ってきたの。

わたしはここで気づきました。わたしがハワイで一から自分の人生をクリーニングして、自分の家を築いた結果、わたしがもともと住んでいた家が、家族のほんとうの家に生まれ変わったのです。わたしが自分の執着やモラルや、こうであるべきと考えていたことをクリーニングして、ほんとうの一人を体験した瞬間、内側に家族ができた瞬間、わたしの外側の家族も一つになった。

息子は、わたしがいつかここでの生活や仕事をリタイアしたときに、いつでも帰ってくることができるように用意している、と言ってくれています。こんなことってある？ 誰も離れられないほど、依存し合っていたのに、それぞれが自分を取り戻したら、想像では考えられないほどの、ほんとうのつながり、信頼を同じ家族の中で感じられるようになったの。

わたしがわたしを取り戻し、彼らがわたしを一つのアイデンティティーとして見てくれた瞬間、私達は家族の中で自由を取り戻したのです」

ディヴィニティーへの願い

ワイレアさんが目をキラキラさせながら、ほんとうに嬉しそうに話している間、家中に感謝が満ちているようだった。部屋を見渡してみると、デスクには、家族写真がいくつか飾られていた。ほんの数枚の写真だけれど、それを通して、ワイレアさんが今でも毎日、この家で自分を取り戻しながら、愛する家族と自分の間で起こること、あらゆる体験をクリーニングし続けていることが伝わった。気づくとワイレアさんも家族の写真を見ていた。

「最近息子に子供が生まれたの。息子にはほんとうに苦労をかけたと思う。睡眠薬で朦朧《もうろう》として子育てを続けながら、わたしはこころの中でディヴィニティーに祈っていた。どうか、どうか、この小さな息子を安全に育てさせてください。それ以外のことはどうだっていいです。息子さえ生きていてくれれば、わたしはもういいです。

はっきり言って、クリーニングとはかなり離れた状態でディヴィニティーと関わっているのだけれど、ディヴィニティーは知っているの。わたしがどんな言葉を使おうと、綺麗ごとを言おうと、今あるものを正直に差し伸べている。もう今までの方法は働かない、自分のやり方を悔い改めている姿勢さえあれば、ディヴィニティーは、わたしの真の願いを聞き入れてくれるということをあの頃の体験から知りました。わたしが何を言うかではなく、ほんとうのわたしが再生を願っていれば、何をどう言おうと道を見つけてくれるということを。

この場合、わたしは息子の平和を祈りましたが、その祈りはディヴィニティーにとっては、わたしが自分のいのちを取り戻すための願いでした。わたしは息子の幸せな成長を願いましたが、実はわたしのいのち全体が、息子を通してわたしが本来ある姿、ディヴィニティーと直接つながった完璧ないのちを取り戻そうとしている姿勢だったのです。きっかけは何だっていい。続けていくと、いつしか、ほんとうの自分を取り戻していくプロセスなのだと、誰だって気づきます。気づかなくたっていいのかもしれない。ただ続けてさえいれば」

「オレンジジュースを搾《しぼ》るわね」と言ってワイレアさんが席を立ったので、わたしもキッチンに一緒についていった。こころが弾むような手作りキッチンには、かわいい柄のお皿やナプキンがいっぱいで、わたしの小さい頃の夢がそのまま現実になっていた。

「なんて綺麗なアンティークボトル！」と千穂さんが言った。キッチンの窓際に、薄いブルーのガラスのアンティークの瓶が並んでいた。

「この家に来たときは、ただのガレキの山だった。あのKRでさえ初めて見に来たときは驚いて、二人で大笑いしたもの。前の住人はだいぶ荒れた生活をしていたみたいで、タバコの吸い殻や奇妙な注射針が家の中にも庭にも、そこらじゅうに溢れかえっていた。この木の家も、天井は穴ぼこばかりで、雨が降る度に雨漏りを見つけてはコツコツと修理したのよ。そして、ゴミを毎日拾ったりするたびに、今まで放っておいてごめんね、荒らしてしまってごめんね、と話しかけていたら、存在を小さく扱われることは苦しいって、すごく思ったの。今まで自分をどれだけ小さく扱ってきたのか、ようやくわかった。こんなにゴミためになっても、これだけの植物を咲かせ続けているこの土地を、こころから尊敬するようになって、より一層掃除に励んだの。そうしたら、毎朝庭を散歩する度に足に何かが当たるようになって、たくさんのこのアンティークの瓶が見つかった。綺麗よね。町のアンティークショップに持っていったら、ガスコンロを買えるくらいの金額になったの。

ほんとうだったら、もっと早い時期にみんなこうやって、自分の好きな暮らしを始めているのかもしれないけれど、わたしにとって、一つひとつが必要なプロセスだった。屋根の穴の修理、ワイヤーの切れたベッドをどう買い換えるか、コンロが手に入るまでの流れ、そのことを一つひとつ、思い込みとかあきらめとか、期待とかをクリーニングしながら、ようやくそのときのクリアな自分で対処していくことで、わたしはものすごくたくさんのことから守られたって思う。わたしがそのことで、自分を生かして、集中したおかげで、わたしの記憶が起こす、女性が一人この山奥で暮らすことから起こり得る様々な問題が、わたしの人生に入り込む余地はなかったと思う。

モーナは言っていたよ。女性こそ、自分の家を手に入れるべきだって。男性が家を持たなくていいという意味ではもちろんないのだけれど、女性が家を手に入れるって、ものすごいダイナミックな変革を世界に起こしていることなんだって」

この家は外も中も、ワイレアさんが自分を取り戻していくための時間に合わせるようにして、形作られたものなのだと思うと、ワイレアさんの中にこれほど豊かな色合いや想像力に満ちた世界が溢れていることに、ただただ感動してしまう。人一人、女性一人が、自分の生活を創るとは、突き詰めれば、宇宙の神秘に触れられるくらい、貴重で奇跡的なことなのかもしれない。そういえば、今回のインタビューで出会ったすべての人が、自分の家のことを、まるで自分のことのように話されていたことを思い出した。

「昔の話だけれど、モーナのもとに訪れたクライアントとこんなことがあった。その男性はオアフのカネオヘという町に住んでいたんだけれど、家でのトラブルが絶えないことをモーナに相談に来ていた。夜中ひっきりなしに家の中でする物音、開けてもいないのに、開いている引き出しに、これはポルターガイストだと怯えていたの。それで、モーナはその人の家に行き、その家に青いフンドシのようなものをしたメネフネ（ハワイの伝説に出てくる小人族）の霊が歩き回っているのを見たそうです。なぜこの家を通っているのですか？　と聞いたモーナにそのメネフネは教えてくれたそうです。この家の裏に山があるが、そこと上の世界の通り道に家を建てたから、迷ったりぶつかったりして、怒っていると。モーナはそれをごく簡単にその家の住人に伝え、『一週間お供え物をしてください』と言って帰りました。みなびっくりしました。もっとホ・オポノポノ的な対処の仕方があるのだと期待していたから。でも、実際に彼が一週間お供え物を置き続けたら、騒ぎはすっと静まったそうです。それからも、彼はお花や綺麗なお水を置いているそうです。モーナに後から聞いてみたの。お供え物が大切なのですか？　と。そうしたら、こう答えました。

『あのメネフネに言いました。もし彼らが一週間お供え物をしたら、あなたの存在を認め、尊重している証拠です。だから、あまり荒れた真似はしないでくださいと。そして、もともとの道も見つけたから、と伝えました。お供え物はしなくてもいいけれど、そこにいる存在に気づかないのであれば、わたしたちは代わりに謙虚さを学ばないとね』

だからね、この家だってそう。この瞬間、どんな存在がこの場所と関わっているのかわからない。その理解さえあれば、いつだって少し謙虚な気持ちを取り戻せるし、その謙虚さは、ここに住むことに必要な予想外の叡智を教えてくれることだってある」

私達はワイレアさんが搾ってくれた新鮮なオレンジジュースを飲んで、また出発した。この家にもっと長くいたら、きっといろんなものが見えてくるのではないかと思うほど、キラキラしたものに満ちていたけれど、なにせビッグアイランドは広大なのだ。これから四時間かけて、島の南にあるKR牧場に日没までに到着したいのだ。ワイレアさんは、そこまで私達を車で送ってくれる。慣れた手つきで戸締まりをして、ヤギと二匹の犬に見送られ、私達は出発した。

キラウェア火山

ワイメアからヒロを通り、私達は南下していく。先ほどまでいたワイメアのくぐもった景色から一転して、ゆったりとした海に近い生活のリズムを車の中からでも感じることができた。わたしが、ＳＩＴＨホ・オポノポノを編み出したモーナについて初めて思いを馳せたのは四年前、コナでヒューレン博士やハワイのみなさんと集まったときだった。わたしが慣れ親しんでいるオアフでは感じることのない風の感じや時間の流れ方が印象的だった。

「これからちょっとだけ寄っていきたい場所があるの」。ワイレアさんはそう言って、「ハワイ火山国立公園」に入っていった。ここにあるキラウェア火山は地球上で最も活発な火山とされている。どうやらその火口を見に行くようだった。車で上がれるギリギリまで行って車を降りると風が吹いていて、とても寒かった。ワイレアさんは半袖なのに、何事もないように車から水がたっぷり入ったブルーボトルを取り出し、先頭を歩いていった。行き止まりのところから景色を見渡すと、まるで、わたしたちが火山の中心に浮いているようだった。ワイレアさんは「ささっとね。ここに何度か、モーナと来たことがあるの。よく来ていたそうよ。ここのペレ（ハワイに伝わる伝説上の火山の女神）に挨拶をしに来ていた。今日はモーナがよくこころの中に出てくるから、この旅を行くべき方向に導いてくれているペレに挨拶しましょうね」。

そう言って、ブルーソーラーウォーターを火山に流すようにしてまいた。わたしは黙って立ったまま、ＨＡの呼吸（三四九ページ参照）をした。ＨＡの呼吸はホ・オポノポノの代表的なクリーニングツールの一つ。この呼吸によって、わたしの内なる家族にも神聖な呼吸が行き渡り、本来の自分に整えてくれるのだと学んで以来、ストレスを感じるときや、緊張しているとき、移動中や人と会う前など、毎日いろいろな場面で実践している。不思議とイライラが落ち着くし、おっちょこちょいなわたしは幸せすぎて興奮しているときにこの呼吸をすると、すべきことを見逃さないようになった。

また、以前ヒューレン博士に新しい土地に足を踏み入れるときに、ＨＡの呼吸をするといいと言われてから、そうするようにしている。

「どんな土地もディヴィニティーによって創られた神聖な場所です。あなたが記憶から関わるか、神聖さを通して関わるか、すべてはあなたがクリーニングするかしないかにかかっています。あなたがある土地を訪れるというのは、何かクリーニングすることがあるから。あなたのクリーニングによって、その土地も、そしてあなたも自由を取り戻します」

ハワイ火山国立公園、ハワイ諸島の活火山の中で最も活動的なキラウェア火山。生前モーナはビッグアイランドを訪れる度にキラウェア火山に住むと言われる火の女神ペレに、祈りを捧げに来ていた。

住み始めたばかりの頃、庭の土から掘り起こされたアンティークの瓶たち。窓の外にはワイレアさんご自慢のインスピレーションガーデンが広がっている。

穴の空いた屋根や床、そしてゴミ廃棄場と化していた庭を毎日少しずつケアしていった。今ではご覧の通り!

一緒に暮らしているヤギと、庭の野菜や果物を収穫するのが日課。

バザールや物々交換、または道に捨てられていたボードなどで作られていったキッチン。食器もタイルも、すべてワイレアさんのお気に入り。

上：KRさんと娘さんのお手製ディナー、ミートソーススパゲティとシーザーサラダ。
KRさんのシーザーサラダは絶品だ。
コツは「フレッシュなガーリックをとにかくたっぷり入れるのよ!」だそう。
下：KRさんの牧場入り口。以前の牧場オーナーはハリウッド俳優のジェームズ・スチュアート。

上:牧場を管理している、KRさんの娘ケアラさんと孫のアナーニャとマーティン。
下:夏休みにカリフォルニアから遊びに来ている孫たちとマーティン。

Ho' oponopono Journey
HAWAII
―― Part 2 ――
ハワイ編
2

ＫＲホオマウ牧場にて

キラウェア火山からまた二時間ほど、くねくねした道を通りながら、ＫＲ牧場のある南コナに向かう。次第に人里離れた道に入り、太陽がどんどん沈んでいくのが見える。真っ暗になったらちょっと怖いな、ワイレアさん、帰り道大丈夫かなと心配していると、ワイレアさんが携帯で「着いたよ〜」とＫＲさんに電話をかけていた。少ししてから車を停めると、ちょうど、前からＫＲさんの孫二人と小さな子供達が楽しそうに手をつないで歩いてきた。

今年からＫＲさんの娘さんのケアラさんとその娘アナーニャと息子マーティンは、この牧場の管理のため、オアフからここハワイ島ＫＲホオマウ牧場に移り住んでいる。カリフォルニアからもＫＲさんの孫達が夏休みを兼ねて遊びに来ているのだ。すっかり牧場ルックが様になって、髪にはバッタを乗せて楽しそうだ。ほどなくしてKRさんが敷地の中から出てきた。

「ハ〜イ！」いつものKRスマイルを見て、やっと着いた〜とみなでほっとした。

「日が暮れる前に家に行きましょう。アイリーンたちが寝るコテージも案内したいから」

荷物を持って、まずは私達が寝泊まりさせてもらう棟に行く。ここに来るのは二度目。一度目は、KRさんがこの牧場の購入を決める直前だった。そのとき見たこの赤い屋根の家は廃墟そのもので、それこそワイレアさんが言うように穴だらけだった。ここに泊まるの〜？　と内心ぞっとしたが、中に入ると、半年の間にいろいろと修理され、ベッドも用意されていた！　ガランとしているが、千穂さんと二人なら怖くはない。KRさんは嬉しそうに、「綺麗になったでしょ？」とウキウキ自慢げに、ガランとした家を細かく案内してくれる。相変わらず、家や土地をやたらと愛する人だ。

荷物を置いて母屋へ向かう。そこに、娘のケアラさんと家族が住み、KRさんもハワイ島滞在中はこの母屋で寝泊まりしている。この家も、以前に見たときは同じく廃墟同然で、よくあるホラー映画の舞台になりそうなところだったが、そこで暮らしが始まり、見違えるように若い住人にぴったりの、爽やかなお家になっていた。

家の中では、すでにケアラさんが夕食の準備をしていた。久々の再会を喜びあい、わたしがおみやげにケアラさんが好きだというわさび味のふりかけセットを渡したら、とても喜んでくれて嬉しかった。KRさんの孫達もみんな集合して、お手伝いをしたり、絵を描いたり、ウクレレを教えてくれて、ワイレアさんも千穂さんもわたしも長旅の疲れを癒した。


夕食が終わり、外に出ると、空には銀色の粒が敷き詰められていた。こんな真っ暗な中をまた四時間近くかけて、ワイレアさんはドライブしていく。「マイホームに帰るわ！」と大きな笑顔で言うと、疲れ一つ見せず帰っていった。ありがとう、ワイレアさん。

懐中電灯を渡され、千穂さんと二人で母屋から私達が寝泊まりする離れを目指し、一歩一歩草を掻き分けながら歩く。夜は家の中でも冷え込むので、フリースジャケットを着込んで、ポツンとあるテーブルを囲んで、寝る前に一杯ずつ二人で、地ビールで乾杯した。そこで、突然外から物音がした。初めは、何かリスとかたぬきとか小動物が歩いているんだと思った。つぎはノシノシとした大きめの音に変わったので、牧場の馬がここまで歩いてくるのかと思って、二人で気丈にビールを飲み続ける。しかし、どうやら一匹二匹のレベルではなく、家を囲むようにして、大量の何か大きな生き物がズシズシとゆっくり私達を目標に近づいてくるようだ。ただならぬ事態に千穂さんと声にならない悲鳴をあげて、家のライトと私達の気配に近づいてきたのだと推測をたて、とにかくライトを消して、隠れるようにして眠ることにした。「おやすみなさい！　どうぞご無事で！　また明日！」。ひそひそ声で抱きしめ合い、忍び足でそれぞれのベッドに飛び込んだ。ネットも何もないこの家の中で、疲れているのに、まるで恐竜のような足音になかなか寝付けない。まるで神頼みのような気持ちでベッドの中でＨＡの呼吸をしているうちに、だんだん外の音が遠のくのを耳にしながら、眠りに落ちていた。

翌朝、朝日が顔に当たっているので飛び起きて、窓の外を見てみると、恐竜も何もいなかった。千穂さんはすでに起きていてニコニコと歯を磨いている。みな無事でよかった。久しぶりの恐怖体験だったけれど、朝からものすごく楽しい。朝の光が昨夜の出来事をすっかり過去のことだと証明してくれているようだ。新しい一日をこんなふうに実感して迎えられたのは、久しぶりのことだった。

KRホオマウ牧場　二日目

昨日、この牧場に着いたときには、すでに薄暗くなっていて、疲れもあって、見渡す元気もなかったが、外に出てみると改めて一六五〇エーカー（東京ドーム約百五十個分）という、この牧場の広さ、大きさを思い知らされる。わたしの視界にも収まりきらない大きさ。わたしの目も普段見ている景色の感じや横の広がりとあまりにも異なるので、目の筋肉システムが一生懸命、今の状況に合わせようと調節をしているように感じる。今日は、この牧場をKRさんに案内してもらう。まずは、母屋に寄って朝ごはんで腹ごしらえだ。

母屋に入ると、まだ静かでKRさんだけがキッチンでちょこちょこと動いていた。他のみんなはまだ寝ているようだ。朝の光が差し込んだキッチンで、KRさんがコーヒーをポットに注いでいた。

「ワッフルかトーストがあるけれど、どちらにする？　わたしはワッフルを食べるけど」

ワッフルをお願いして、入れたてのコーヒーを美味しくいただきながら、昨夜の事件を話した。寝る直前、外の暗がりで巨大な生き物が家を襲おうとしていたと真剣につげると、KRさんは大笑いしながら、こう言った。

「ごめん、ごめん！　それは野生の豚よ。出るからね！　うちのゾーンはハンター立ち入り禁止だから、みんな夜中に逃げてきたんだと思う。普段つかない明かりに集まってきたんだわ。無事で何より！」と言ってまたガハハと笑っている。恐るべし、KRさん。

謎が解明されて、安心しながら、出来たてのワッフルを三人で食べた。こうして、みなで和んでいても、一歩外に出たら、ここが途方もなく広大な土地なのだということが家の中にいてもわかる。外に人の気配がしないというのは、都会で生まれ育ったわたしにとって、解放感と同時に緊張感を感じるものでもある。ここにわたしとさほど年齢の変わらないKRさんの娘ケアラさんと、ティーンエイジャー真っ盛りの彼女の娘アナーニャと息子マーティンは移り住んだ。昨夜の感じでは、みなそれぞれに、この新しい環境に適応して楽しんでいるように見えた。いつも自然の暮らしに憧れているわたしだが、昨夜の野生豚といい、水道のお湯の出方や食料倉庫の保管の仕方といい、リアルな生活の違いを見て、その劇的な変化に対応しているみんなを尊敬せずにはいられない。まだ眠りの中にいる三人を思ってわたしは言った。

「三人とも、ほんとうにすごいですね。急にここで生活を始められちゃうなんて」

KRさんは、先ほどまでの明るい感じから、個人セッションのときなどのモードに切り替わるように、ニュートラルな表情に突然シフトして、話し始めた。

「あるとき、普段は見ない競売物件のサイトを開いたら、たまたまこの土地が売りに出されていたの。興味はあったけれど、想像を絶する広大な土地だし、金額もわたしが組めるローンではないから、そのままにしていた。でも、なぜかふと土地がこころに浮かび上がることが頻繁にあって、その都度クリーニングしていました。そして、仕事でハワイ島に行ったとき、近いエリアまで寄ったので、担当者に連絡して、土地を見せてもらえることになったの。購入する、しないにかかわらず、この土地にここまで興味を持つ自分のことを一つひとつクリーニングしていました。ここにある貴重な植物と関わる自分が好き、と出てきたらクリーニング。でもそれはどうせ夢みたいなもの、どうせわたしにはここを所有する資格なんてないわ、と出てきたらまたクリーニング。担当者のご厚意で、森の中を馬と散歩させてもらったのだけれど、そのとき、ようやくいつもの自分に近い状態でした。つまり、判断が出てこない、ただ目の前に現れる体験を、ホ・オポノポノを使って生きている自分です。そうしたら、今この状態で応募だけしてみよう、そこから体験させられることが、わたしの今の役目だと思い、そのときの自分の条件で応募しました。ヒューレン博士からも、しきりにこの土地とわたしの関係について、クリーニングするようにと言われました。『一六五〇エーカーの土地を手に入れる』という、大きなものに向かっていくというよりも、目の前に提示される一つひとつのことをクリーニングしながら実際に進めていくうちに、例えば、申し込み用紙に記入すること、銀行の貯金記録の書類を作ること、弁護士をたてること、そういうことを一つひとつクリーニングしながら進めていたら、あるとき、わたしが購入することに決まったという感じ。

驚きよりも、手に入ってしまった、ここから、ほんとうにこの土地との関係をクリーニングするのだとドキドキしました。この大きな土地で、わたしが何を起こすのかと頭だけで考えていたら、きっとわたしは自分のブループリントにある場所からずれてしまっていたと思う。例えば、ここを活用するために焦って、とにかく土地所有者として、ここでビジネスしたいテナントを募って利益を生むことを進めていたら、この自然の一部を壊して、取り返しのつかないことになっていたかもしれない。かといって、すぐにそこで利益を生むという発想は出てこないし、現状ここにわたしが長期で住むことは、そのとき見えてこなかった。

判断が出てきたら、クリーニング。アイディアがあったり、人からアドバイスをもらってもクリーニング。同時に、土地にどうしてほしいのか、日々話しかけました。そうするうちに、娘のケアラが名乗りをあげたの。自分たちがオアフからハワイ島に移り住んで牧場の管理人になりたいと。わたしが全く考えてもないアイディアでした。彼らはオアフで生まれ育ち、孫達はまだ学生。でも、そこで暮らしたい、チャレンジしてみたい、ととても楽しそうに提案してくれた。

正直なところ、わたしは不安でした。今でもオアフにいるとき彼らを思うと不安が出てくるわ。こんな人里離れた場所で若い大人の女一人に子供が二人で何かあったらどうしよう、わたしはとても無責任な親なのでは、と思うこともある。彼らがこちらに越してから何度か訪ねても、初めはみんな喧嘩ばかりしていて、孫達は二人ともオアフの友達が恋しくて泣いてばかりだった。その状況を見て、やっぱりうまくいくはずないんだわ、と自分を責めることもあった。でも、そんなとき、昔わたしが母親になったばかりのときにモーナに言われたことを思い出したの。

『目の前で起きている状況に百パーセント責任を取るということは、すべて自分が決めて、働きなさいということではありません。自分の中の判断をクリーニングすることで、まずは、自分の真の存在を取り戻します。そうすれば、相手のほんとうの才能が働き始めます』」

ものごとを大事《おおごと》にしない

「子供が言うことを聞かないで、泣いてばかりいると、まさかそれが全部子供のせいだとは思えないので、自分が良い親ではないからだと思いがちです。そう思うことが、自分が親として責任を取ることだと、いつからか勘違いしていたのね。そんなわたしの姿にモーナはそう言ったの。子供は生きていて、わたしも生きていて、この場に一緒にいる。この紛れもない事実の中で、わたしは子供が何か不満そうに泣きわめいていて、それを見ているのが苦しいという体験をしている。そのことに気づきます。そして、そこからクリーニング。自分のウニヒピリに対して、これは苦しいことだね、悲しいね、と話しかけたり、『愛しています』と自分の内側で唱え続けました。そうすると、実際に何をすればいいか焦点がまた定まるの。あるときは、泣く子供に話しかけたい言葉がすっと出てきたし、ある時は子供が泣いていても、食事を作ろうとその場を立って、自分の仕事に戻る。そうすると、不思議なことに子供も途中でやめていたお絵描きを再開したり、新しい遊びを見つけたり、と誰かが、まず自分を取り戻せば、バランスはもとに戻っていきました。そうして、わたしは子育てを続けていったのだけれども、そのとき、ハワイ島で当時のことを思い出したの。

わたしは、彼らが選択したことに、不安で頼りない彼ら、とても危険な場所に住む若い三人家族という判断でしか関わっていないことに気づきました。そこで、わたしがまず取れる責任は、自分自身のクリーニングです。そうするうちに、自分がいる間、やろうと思っていた牧場地図の修正をやり直すことを始め、そのうちにわたしが自然と彼らに食器洗浄機をプレゼントしたいと思い、それを実行したり、わたしはそこでわたしを生き始めました。すると、娘はもともと必要だった、牛と馬のケアをしてくれる地元のアルバイトを手配し、子供達はその中で安心して、また勉強したり、学校へ通うことを再開しました。

そうして今に至ります。わたしが毎回ここに戻る度に、彼らはみるみるたくましくなって、この土地と深く関わっていることがわかります。みんなでATV（大型四輪バギー）や馬に乗って、この牧場が教えてくれる手入れの必要な場所や方法を忠実に行っている。そして、最近になって、この牧場に絶滅寸前と国から指定されている植物がいくつもあることを知りました。たまたまこの島に来た調査団がランダムに牧場を回って調べていたのだけれど、ほとんどの人が自分の牧場を把握しておらず、さらに人や国に介入されたくないと思う牧場主が多いので、断っていたんですって。でも、娘たちは、その頃には自分の牧場のどこに何があるのかも、道も把握していた。だから、調査団を迎えることができ、プロジェクトに参加できることになったの。新しい動きがようやく表面意識の部分でもわかるようになったのね。でもほんとうはずっと動いていたし、関わる人間すべてがそれを聞くことができるはず。でも、そうしないで、判断を繰り返し、自分の記憶からその土地が本来すべきことを奪ってしまうことをする一歩手前でした。

モーナはこんなことも言っていた。

『ものごとを大事《おおごと》にすると、その大切なエッセンス、本質は失われてしまう』

わたしがこの土地と出会ったとき、ここを買うことができたら、もう死んでもいいとか、購入が決まったとき、こんなに貴重で広い土地で大きな買い物なのだから、絶対にこれだけの利益を生まなくてはとか、若い家族がここで暮らすなんてとんでもない、または彼らは特別な存在だから絶対できる！　と思うことは、すべてが起きていることを大事《おおごと》に扱っていることと同じですよね。でもそうしているときというのは、そのイベントの中で体験させられ、見せてもらっている一つひとつのヒントや、その目的のエッセンスを無視し、踏み荒らしながらガツガツ前に進んでいるような姿勢なんです。

かと言って、むやみにポジティブを装いながら、不安なのに大丈夫だと思い込むのも同じこと。そこで起きること一つひとつをクリーニングする。そして、見えてくるものに精一杯自分を生かしていく、ということをすると、必ずそこに見えてくるものがあります。モーナは、

『自分の身に起きていることが特別なことだと思ったら、それは注意信号。クリーニングのチャンスです』

とも言っていました。特別意識と感謝は異なるエネルギーです。何か特別意識を持っているとき、自分のすべきほんとうのことを見失いがちですが、反対に、今目の前に現れていることに対して、謙虚に自分に起きるあらゆる体験をクリーニングしていると、とっさの反応が『今』に起こります。だから、インスピレーションからの一歩を踏み出せるし、自分の常識ではありえないような決断で、それをベストなタイミングで始められることから、危険を回避することだってできる。その一つひとつの結果から、いま牧場主で、そこに子供を住まわせ管理してもらいながら、新しいプロジェクトが起きようとしている、という状態を今見ているほうが、よっぽどわたしらしいし、わたしがすべきことを見つけられます。そして、何よりもわくわくします」

何かに特別意識を持つとき、例えば、当初ヒューレン博士と一緒にお仕事をさせてもらい始めたとき、この人は特別な方だと思って緊張することがあった。そして、それは当たり前のことで、そうでなければ、傲慢だとも思っていた。あるとき、ヒューレン博士に言われたことがある。

「人や土地に特別な感情を持つこと、それさえも記憶だよ。手放せば、あなたとその対象に本来の神聖なつながりが取り戻されるよ。本来のあなたの尊敬と謙虚さは、その神聖なるつながりに向けられるべきもの。そこで、あなたもその対象も、それぞれが才能を発揮できるようになる」

社会人になって、いろいろな年代のいろいろな分野で活躍している先輩たちと関わるようになり、それはとてもありがたい体験なのだが、どこかで必要以上に緊張してやるべきことを見失ってドジを繰り返したり、または、その場面ではプロフェッショナルに関わるべきだと自分を追い込み、緊張にふたをしたら、偉そうに振る舞って結局相手を嫌な気持ちにさせてしまった体験がたくさんあった。どちらも、その関係に広がりは生まれなかった。自分の身に起きること、目の前に現れることに特別意識を持ちすぎるとき、どちらにしても自分らしさを保つこと、そして相手をほんとうに敬って、尊重することが実はできていないということに気がついた。そして、そこから、人と会って緊張する度に、自分が尊敬する人と会って頭が熱くなるほど興奮するときも、とにかくクリーニングするようにした。そうすると、不思議と緊張していたときよりも、もっと純粋に相手の素晴らしさに感動し、自分が発する言葉と思いにちぐはぐさがなくなる。そうすると、その場はわたしにとって劇的に実り豊かなものとなり、こころはリラックスしながらも、きちんとそのとき自分がすべき仕事が手に着く。そういうことが増えてきた。人間関係と呼べるようなものがあるとしたら、必ず自分がそういう状態を取り戻したときから育まれるようになった。博士はこうも言った。

「感謝や尊敬は、あなたが記憶からゼロのとき、いのち同士が自然と差し出し合えるものなんだ。あなたの記憶に縛られたい存在はいないよ。みな自由を求めている。あなたと同じように。真の自由は、何かを傷つけたり破壊するものではない。それはもっと大地がほっとするようなリズムなんだよ」

どこかで自分が自由になると、誰かを傷つけ、誤解され、独りよがりで他との実りが生まれないものだと恐れていることに気がついた。でも、博士が言う自由はどうも違う感じだ。

「もしも、あなたが自由を生き始めるとき、変化することに恐れを感じるとしたら、それはあなたの中の記憶だよ。あなたが起こした変化によって、それぞれが本来自分の歩むべきブループリントに戻っているんだよ」

リズムに戻る

KRさんは続けた。

「ホ・オポノポノで私達はバランスを取り戻します。何かに打ち込むとき、夢中になるとき、ホ・オポノポノをすることで、そこで自分自身がまずバランスを取り戻していることがほんとうに大切。

例えば、この家もそう。もしも私達があまりにこの自然と土地に熱中するあまり、ここにある三つの古い家をそのまま放置していたら、それはそれで何かが違ってきてしまいます。私達が自然を重大視しすぎて、自分の暮らしをおろそかにするというアンバランス、そのひずみは必ず、まずはわたし自身に、そしてわたしが関わるすべてに現れるときがくる。モーナから学んだ大切なことの一つです。

この牧場に来たときも、滞在中はたとえ不便でも、テントの生活でも別に構わない。とにかくこの土地をどうにかしないと、って思っていた。でも彼らが暮らし始めることで思い出したの。家を造るときは足場が必要でしょ？　それと同じで、バランスを取り戻さないと、って。今にも腐り落ちそうな家がこの土地に三棟もある。そして、私達は人間だから、暮らしも必要です。優先したいことはわたしが勝手に決めたことで、今ここで起きていることにきちんと対処することが必要だと思い直すことができました。不思議なのは、家に手を付け始めると、必ず牧場にも変化が訪れる。家の配水を整えるために牧場の点検が必要で、たどってみると古いその配水管は、今にもボルケーノの下敷きになりそうだった。もし、タイミングを逃して、配水管が潰れていたら、私達は大地を削るという大工事を行って、自分たちの労力はもちろんだけれど、土地にも大きな負担がかかることになっていた。だから、バランスです。それを思い出させてくれた素晴らしい土地です。そうして、あなたたちゲストを迎えられて、こうして一緒に楽しい朝を迎えることができるんだもの。ギフトです」

こういうことって、日常生活の中に溢れている。わたしが今はこれが一大事としているとき、大切なものを見失っていること。ほんとうは日常に現れる細かなこと一つひとつに他とつながる緻密な情報が隠されていることを、ホ・オポノポノとともに生きながら、わたしも学んでいる。

「日々クリーニングできるってほんとうに豊か。モーナが言っていたわ。

『太陽や地球、宇宙そのものにはもともと持っているリズムの流れがあります。リズムに戻ることが大切です。クリーニングがそれを可能にします。だから、母親とのくだらない喧嘩、くだらないテレビ、病気がなかなか治らない、という一つひとつの出来事は、あなたがあなたのリズムに戻るために起きていること。病気をクリーニングすることで、あなたは自分のリズムを取り戻します。くだらないテレビや家族との喧嘩をクリーニングすることで、あなたは自分と、そして宇宙全体のリズムを取り戻しています。そこを生きるのです』

だから、わたしも今をクリーニングしたいの」

KRさんはそう言って、いつものかわいらしい笑顔に戻って立ち上がり、部屋に着替えに行った。

先ほどまでは、広大な大地にぽつんと取り残された家のようで、少し心細かったけれど、KRさんのお話を聞いているうちに、この家さえも、この大地の一部で、牧場は牧場の、家は家のやるべきことを行いながら、ちゃんとバランスの中にあるのだとわかり、わたしもわたしで目がさめた。今日一日をかけてKRさんの土地の撮影をするのだが、わたしはここに訪れたゲストとして自分のクリーニングをしっかりしてリズムの中にいたい。

朝ごはんを終え、KRさんの入れてくれた美味しいコナコーヒーをゆっくりと飲み、早速牧場散策の準備に取り掛かることにした。当初、馬に乗って牧場を回る予定だったが、三頭のうちの一頭が静養中のため、移動はATVを使うことになった。KRさんが一人で一台を運転し、残り一台をわたしが運転し、カメラマンの千穂さんにわたしの後ろに乗ってもらうことにした。わくわくしつつ、出発前に、この牧場で唯一Wi-Fiがつながる母屋でメールをチェックすると、ヒューレン博士から短いメールが届いていた。

相手の気持ちを読み取ろう、読み取ろうとすると、罠にはまってしまう。それは記憶だから。相手が真に望んでいることではなく、あらゆる存在が溜め込んできた、古い記憶です。それよりも、あなたの目に映る相手へのジャッジメントをクリーニングしていくことが最も大事。そのあとに流されてくるものが、あなたができること、すべきこと、相手とのほんとうの絆。自由は人や環境で奪われるものではありません。記憶の渦にあなたはとらえられてしまうのです、いとも簡単に。だから解放してあげられるのも、あなただけなのです。平和は自分から始まります。自由も自分から始めます。

そして事故

初めて見るATVは想像よりもはるかに大きくゴツゴツしていて、見るからに手強そうだった。KRさんに簡単な操作を教えてもらったが、オートマチックの車の免許しか持っていないわたしは操作レバーにある様々なギアに圧倒された。しかし、基本的にはドライブモード、リバースしか使わないと言われて、まず近辺で練習してみると、意外と乗れた。なんせ、牧場は広いのだ。対向車線を気にする必要もないし、早く探検を始めたかったわたしは、簡単に練習を済ませ、スタートしましょう！　と張り切った。

前方にはKRさん、わたしは千穂さんと二人乗りでそれに続くようにして牧場の中を進んでいく。とにかく広い。普段大体どんなに遠くても視界に収まる範囲でしか移動していないわたしは、運転しながら、前方、左右、果てしなく広がる景色になれるまで目が回りそうだった。KRさんは時々後ろを振り返って、大きな笑顔で手を振ってくれる。テレビドラマの「大草原の小さな家」に出てくるローラという少女にそっくりだ。

時々停まって牛の群れを見せてくれたりする。

「あの子牛は、生まれてすぐ親が育児放棄してしまったの。孫のマーティンが生まれたばかりの子牛を馬に載せて家に運んできたのよ。でも、元気そうだね。よかった」

生き物がいて、いつも天気が大きく変わって、その中で生活をするって、先ほどKRさんが言っていたみたいに、ただ一つのことだけに集中していたら、到底対応なんてできないなということがよくわかる気がする。牛の世話もして、家で自分もご飯を食べて、買い物に行って、人と会って、天気に合わせて臨機応変にこころもからだも動かさないと生きていけない。

でも、ほんとうは都会での生活だって同じだ。何一つとして同じことはない、関わる人がどんなに馴染みの人であっても、自分の中でも相手の中でも常に様々な記憶の再生から変化している。わたしにできることはまず、自分の体験をクリーニングしながら、行動していくことだ。

そうこうしているうちに、急に道が細くなっていった。急な勾配の上り坂、下り坂をゆっくりと進む。KRさんは途中で一旦ATVを停め、水を飲んで一息ついて、また進み始めた。

気がつくと、土の上に自分の顔があった。口の中にも土、耳、鼻の中も土、土、土。目にも入っていて、痛くて目が開けられない。一瞬何があったのかわからなかった。次の瞬間、ATVとともに横転している自分に気がついた。とっさに「千穂さん！」と叫んだ。後ろに乗っていた千穂さんが、怪我をしていたらどうしよう！　命を落とすようなことがあったらどうしよう！　わたしは文字通り発狂しそうだった。徐々に誰かがわたしの名前を呼んでいるのが聞こえてくる。

「アイリーン、アイリーン」

「大丈夫?」

「頭を打っていない?」

KRさんと千穂さんがわたしに一生懸命話しかけている。それでも、気が動転していたわたしは、「千穂さん、千穂さん、千穂さん」と必死に呼び続けた。

その後、強い声で、KRさんが言った。「千穂は大丈夫です。あなたが大丈夫かを今は聞いているの。落ち着いて」

かすんでいた目が見え始め、そこにはKRさんと千穂さんが立って、わたしを覗き込んでいるのが映った。千穂さんは無言でわたしの目をしっかりと見て、大丈夫。わたしはここにいると伝えてくれた。

ようやく現状を理解し始め、まずからだの調子を確かめる。頭は打っていない。力んでも、強い痛みがないからきっと骨折もしていない。でも、右足が動かないから、きっとATVの下敷きになっていて抜けられないんだ。そのことを二人に説明する。

わかった、と言って、二人でかけ声を出して、少しATVを持ち上げてくれる。そして、わたしはようやく這いずり出ることができた。からだが震えている。怖いのか、痛いのか、悲しいのか、一体なんなのかはわからない。ただ頭がぼうっとする。何をどうして、どこに身をおいたらいいのかわからない。目の前にはククイの木が崖に向けてまっぷたつに折れ曲がり、それに支えられるように巨大なATVは崖ぎりぎりのところで、幸運にも道側に横転している恐ろしい光景がある。気づくとわたしは必死に、謝っていた。

「ごめんなさい。ごめんなさい。ごめんなさい。ほんとうにごめんなさい。とんでもないことをしてしまって、ほんとうにごめんなさい」

それしか言えなかった。震えは止まらなかった。大変なことをしでかしてしまった。そのことしか頭になかった。怖くて二人の顔を見ることさえできない。

そこからのKRさんの動きは迅速だった。

「アイリーン、わたしの後ろに乗って、念のため、山小屋にある消火器を取りに行くのについていきて。千穂、見た感じオイルは漏れていないけれど、ここで待っていてくれるかしら。十分以内には戻るけれど、もしも何かあれば、この場を移動して」

千穂さんは、しっかりした声で「わかりました」と言い、わたしとKRさんはKRさんの運転するATVに乗って、急いで山小屋へ向かった。KRさんに掴まりながらも、わたしの頭はまだいろいろなことを整理できずにいた。とにかく申し訳ない。その気持ちでいっぱいだった。

KRさんがわたしに話しかける。「あなたが無事でほんとうによかった。ほんとうによかった」

その言葉をどう解釈したらいいのかすら、そのときのわたしはわからないくらい、気が動転していた。すぐに山小屋に到着し、二人で重いゲートを動かして、消火器を見つけ、また事故現場に戻る。常識的に考えると、山火事が起こる可能性のある場所に千穂さんを残していくことはおかしいかもしれない。しかし、いま思うと、動転しているわたしを落ち着かせるために、KRさんはわたしをATVに乗せ、消火器を持ってくるという現実的な動きに参加させたのかもしれない。

遠くに千穂さんが立って、戻ってきた私達に手を振ってくれているのを見て、初めて少し安心した。もう一度オイルが漏れていないかを確認してから、三人で持ち上げてみようとするが、重すぎて持ち上がらない。KRさんは隣町まで買い物に出かけている家族に電話をして、事情を説明し、こちらに引き返すようお願いした。隣町からここまでどんなに車を飛ばしても、一時間はかかる。わたしの頭の中はこのときも引き続き後悔、申し訳なさ、恥ずかしさ、それらが巡っていた。

哀しい記憶の中で

みなの予定を台無しにして、危険にさらし、高価な物や貴重な木を破壊し、時間を無駄にし、ほんとうに情けないし、申し訳ない。わたしは謝ること以外何もできない。謝ることさえ、申し訳ない。謝りすぎて、頭がおかしくなりそうだ。それでも、わたしはもう一度、すり切れるような気持ちで、KRさんと千穂さんに言った。

「ほんとうにごめんなさい」

するとKRさんは、携帯をしまい、わたしと千穂さんのそばまで来て、こう言った。

「オーケーよ。わかりました。みなが来るまで、ここにいましょう。私達は今、この場でクリーニングが必要だわ。今ここで起きたことはきっと今回のことだけじゃない。この土地、まさにこの場所で癒されるべき記憶があるはず。私達三人にも共通して言えることだと思う。お互いが今ショックを受けていると思う。強いショックをウニヒピリが体験して、クリーニングしないままにすると、たましいが抜けていってしまう」

ＫＲさんは、そのままますとんと土の上に腰をおろし、あぐらをかいた。「そうですね」と言って、千穂さんも座る。そして、わたしもそれに倣って、三人で円を描くようにして座った。みな黙っていた。

わたしは、まず、この申し訳ない、という狂ったように繰り返す気持ちをクリーニングしていった。これだけのことをして、謝るというのはもちろん当たり前のことだけれど、わたしがここで体験する後悔や恐れ、申し訳なさが自分をあまりに圧倒しすぎて、これでは、すべきことが手に着かない、何もできない、という感じがした。

「ウニヒピリ、怖かったね、そして恥ずかしいね。どんな記憶なのかはわからないけれど、この原因となる記憶を一緒にクリーニングしましょう。ありがとう、ごめんなさい、許してください、愛しています」

これを続けていくと、とたんに様々なことを思い出し始めた。それはすべて、この感情と同じ質のものがある体験だった。わたしがまだ小さい頃、母が当時お世話になっていた外国人起業家の家族が主催したファミリーキャンプに参加したときのこと。様々な日本在住のアメリカ人家族が子供を連れて、軽井沢のキャンプ場で三日間過ごした。慣れない集団行動や、うちだけが母子家庭、さらに東洋人の顔をしていて、なんだか居心地が悪かった。昼間、大人も子供も芝生の上に集まって、飲んだり、食べたり、フリスビーやボールを使って遊んだりしていた。母は友達と会話をしていて、何もすることのなかったわたしと弟は、少し離れた場所でキャッチボールをすることにした。楽しくやっていたのだが、夢中になりすぎて、投げたボールが遠くまで飛んでいってしまった。そして、ボールはそのまま木陰で話していた女性に命中してしまったのだ。大変なことをしてしまったと思ったわたしは、すぐに走っていって謝ろうとした。しかし、その女性はわたしが行くまでもなく、遠くからでも聞こえるくらいの大声でどなりながら、わたしをめがけて走ってくる。顔を真っ赤にしながらわたしに注意をしている。当時まだ英語がちゃんとしゃべれなかったわたしは、緊張しながら「アイムソーリー、アイムソーリー」と繰り返し謝った。隣では、小さな弟が泣いている。それでも、怒鳴り続ける彼女をようやく周りの大人達がなだめようとした頃、母が登場し、母は私達をかばって、まずはわたしのボールが当たってしまったことを謝ったあと、そこまで怒ることはないではないかと反対に喧嘩になってしまった。わたしは恥ずかしさと大人達が喧嘩をする恐怖で、この場所にはいられない、そう思った。残りの二日間、みなの大切な時間を台無しにしてしまったこと、わざわざ忙しい中、私達を連れてきてくれた母にもいやな思いをさせてしまったことが申し訳なくて、とても苦い気持ちで過ごした。

また、小学生の頃、いつも放課後一緒に遊んでいた友達の家に招待された。彼女の家は豪邸で、家中に見たこともない、美しい花瓶や置物、絵画がそこら中に掛けられていた。おやつの時間になって、これまた友人のお母様の手作りのアップルパイは、当時のわたしにとって初めて食べる味で感動した。慣れない環境で初めは緊張したが、次第に楽しくなってリラックスしていた。彼女は剣玉が得意で家にはたくさんの剣玉があり、一緒にテーブルで遊んでいたのだが、わたしの持っていた剣玉が的を外してしまい、そのままテーブルにぶつかってしまった。「ゴーン」と低い音がした瞬間、友人のお母さんがキッチンから走ってきて、高い声で言った。「先週買ったばかりなのに！　外で遊んできなさい！」。友達はみんな「あ〜あ」とブーイングしながら、外に出て行ったが、当時わたしの住む家には高価な家具なんて何一つなかったので、あの家の何かを傷つけてしまったわたしは、とんでもないことをしたとそのときは思った。どうやって弁償したらいいんだろうと、幼い頭で一生懸命考えたが、どちらにしても、わたしはもう二度と彼女の家には呼ばれなかった。

これも小学生の頃、わたしの祖母が暮らしていたアパートの下には公園があり、そこでわたしと弟、弟の同級生とその妹で遊んでいた。スケボーを持って来ていた弟の同級生は、それに妹を乗せて、遊ばせていた。わたしが他のことをして遊んでいると、わーっと泣き声が聞こえてきた。弟の同級生の妹がスケボーに乗ったまま、滑った拍子に何かの手すりに顔を激突させてしまったのだ。よく見ると目の横が切れてしまって薄く血がにじんでいた。周りには大人もいないし、彼らの家は坂を越えたところにあって少し遠い。「痛い、痛い」と言って泣き止まない女の子を連れて、ひとまず祖母の家に行くことにした。祖母は、世界中を歩き今でいう自然治療学を独学で学んできた人で、その影響で、母や母の兄弟はもちろん、彼女の孫である、わたしや弟も小さい頃から市販の薬はもちろん、風邪薬もよっぽどのことがないと飲まず、祖母の家にところ狭しと並ぶ様々な薬草などで傷や病気を治してきた。見た目も考え方も少し変わっていた祖母を、わたしは本気で魔女だと思っていて、祖母なら痛いのをきっと治してくれると信じ、彼らを連れていったのだ。祖母は女の子の傷を見て、頭を触ったあとで、「大丈夫だよ、痛いのすぐに治るよ」と言って、まず水で傷口をすすぎ、何か黒っぽい乾いた草と白い粉を水で溶いたようなものを混ぜたものを傷口に薄く塗った。女の子も落ち着いて、「もう痛くないよ」と言って、そのまま私達は公園に戻り、日が暮れるまで遊んだ。しかし、その夜、突然その女の子の親が家に押し掛けてきた。「一体何を塗ったんだ。女の子なのに、傷跡が顔に残ったらどうするんだ」と母に怒っていた。母もそのとき初めて事情を知って、女の子の様子を聞いたあとで、まずはお詫びし、自然なものなので、害はないはずだということ、もしよければ一緒に病院に行かせてほしい、ということを言っていた。ご両親も少ししたら落ち着いて帰っていったが、わたしはまたしても、とんでもないことをしてしまったという思いで、心臓がドキドキした。そのあと、学校でその女の子とすれ違って顔に傷跡がないことを確認できたときは、ほんとうに安心した。大人になった今となっては、誰のどの反応や行動も間違っているわけではないと受け止めることができるが、やはり自分のとった行動が周りを驚かせ、怒らせてしまったこと、自慢のおばあちゃんの、わたしにとっては当たり前の行動が他のお家ではとんでもないことだと知って、とても苦いものとして突如蘇ってきた。

様々な記憶が、わたしの実際の思い出とともに鮮明に立ち上がってきて、その都度、心臓がジェットコースターのように揺れ動いた。それらもすべてウニヒピリに話しかけながら、クリーニングしていった。わたしはそれらが原因かどうかはわからないが、ホ・オポノポノと出会う前まで、またはきっと今でも、自分のいる環境をちょっとビクビクしながら見渡し、問題を起こさないように、自然と気をつけるようにしていることと、何かその人にとってはいいことだ、と思えるアイディアがあっても、もしそれを相手が嫌いだったら、反対に怒らせてしまうと思い、口には出さないようにしていることなどが、からだのクセになっていることに気づいた。また、自分にそれが起きてとても怖かったので、誰かに自分のものを壊されたり、ちょっと痛い思いをしても、必要以上に「大丈夫、大丈夫！」と大げさに平気を装って、何もなかったようにしてきた、その小さな痛みも思い出され、一つひとつクリーニングしていく。

ようやく落ち着いて、改めて、周りを見てみると、相変わらず、ATVは倒れ、木も折れ曲がってしまい、その隣にKRさんと千穂さんが座っているという少し異様な光景が広がっているのだが、わたしは冷静になっていた。まず、誰にも怪我はないということへの感謝、こんな事態になったのに、周りに人がいて、それをさらに助けに来てくれる身内がいるという幸運、そして、そのときが来たら、わたしはそれを最大限サポートし、すべきことをしようという自分の意志を感じることができた。そこで、気持ちは落ち着いた。

まるで、そんなわたしのこころを読むかのようにタイミングよくKRさんが言った。

「今どんなことを体験しているのか教えてちょうだい。クリーニングしましょう」

わたしはわたしの正直な気持ちや何が蘇ってきたのかをお話しした。そして、千穂さんは過去に愛する人を亡くしたこと、そこから体験される思いを話してくれた。その人の死を迎えるに当たって、ずっと迷ってきたこと、今ある気持ちを話されていた。きっとほんの十分間、それぞれが静かにこの場で体験されることをクリーニングしていたのだが、時間を超えて、それぞれがそのとき、見るべきものを見ていた。

KRさんは言った。

「私達はここでようやく、自分のことを考えられるようになるわ。ほんとうは誰よりもまず、気を配らなくてはいけないのは自分自身なのに、あまりにも記憶が多すぎて、他のことに気をとられ、自分にアクセスすることがなかなかできないでいる。でも、自分のいのちを大切にできない人間は、その他の何かを救うことはできないからね。まずは、自分に戻りましょう。

それと、今起きた事故は偶然だとか、誰かの不注意だけで起きたことではない、というのが見えました。この場所で、過去に何度も、誰かが命を失ったり、何かを損なったり、争いが起きたのか、災害が起きたのか、とにかく土地がびっくりする、土地にとってトラウマになるような出来事が繰り返し起きていたはずです。それを私達は追体験させられたの。だから、ここで私達が自分自身を今救うこと、今に戻すこと、自分に戻ることがほんとうに大切になる。この土地でもそのクリーニングは体験される。土地も記憶を持っていて、私達みんなが共鳴し合ったのね。まずはみなが無事であること、そして、それぞれが、自分の中にある澱《よど》みをお掃除して、もともとのゼロに戻るの。ほんとうにありがとう」

土地の話

その直後、遠くからブーンと音がした。KRさんの孫達、そしてKRさんの義理の息子さんがATVに乗って飛んできてくれた。彼らはまるで勇者のように輝いて見えた。みなで協力して、ATVを起こし、木に激突した箇所が大きくへこんではいたが、奇跡的にそれが故障していないことを確かめた。

ATVが倒れていた土地、ククイの木に改めて、お礼とお詫びを伝えた。ATVにも痛い思いをさせたこと、慣れないのに、きちんとクリーニングしないまま運転してしまった自分の不注意を詫びた。そして、自分自身のウニヒピリに対して、今まで自分を第一に大切にすることを忘れ、何か問題が起きたときには責め続けてしまったことをお詫びした。そして、今までずっと、わたしの内側で、いろいろな思いをしながらも一緒に懸命に共に生きていてくれたことを、こころから感謝した。

そして、最後にもう一度だけ謝った。今度は落ち着いて、感謝とともに。

「事故を起こして、危険な目に遭わせてしまって、ほんとうにごめんなさい。助けてくれて、ほんとうにありがとうございました」

今度はKRさん、千穂さん、そして助けに来てくれたみんなの目をきちんと見ることができた。そしたらなぜだか、みながわたしのお詫びをしっかりと受け取り、さらにはわたしの存在が許されていることを教えてくれている気がした。

その後、KRさんが持って来ていたサンドイッチをみなで座りながら食べて、KRさんの後ろに千穂さん、わたしはKRさんのお孫さんのマーティンの後ろに乗せてもらい、家に戻った。

その日は最後の晩餐、みなでにぎやかに夕食の準備をしていた。マーティンと他の孫たちはウクレレを練習し、アナーニャは自作のペインティングをプロのアーティストである千穂さんに一生懸命見せていた。KRさんと娘のケアラさんはパスタをゆでながら、わたしに自家製ミートソースの味見を促している。

すべてが色とりどりで、みながそこで自由に立っていることが最高のご褒美であるような気がした。わたしがこれを感じることができるように、一生懸命、その働きをしているウニヒピリが愛おしくてたまらない。

食事をしながら、KRさんがこんなことを言った。

「この土地はいろいろあるわ〜。土地の購入を決める前に、みなで馬に乗って、森を散策していたの。途中で馬が急に走りだして、わたしは馬から落ちてしまったの。すごく怖かった。一瞬、どこにいるのかわからないほどショックだったんだけど、気づいたら声がするの。自分がすっぽりはまっていた岩から、そして周りにあった木々から。

『ちょっと、彼女大丈夫？　驚かせてしまったかしら？　怪我していないかしら？　私達のこと嫌いになってしまったかしら？』

わたしはすごく感動して涙が出た。そして、ほんとうに岩がまるで動くようにして、わたしが頭を打たないように、ぎりぎりのところに落ちるようにしてくれたのだとわかったの。わたしは、そこでここの土地を購入する最終決定をしたのよ。アイリーン、みなが私達の存在が正しく働くことを願っている。あなた、もうククイの木に足を向けて寝られないわよ」

そう言って、みなが笑った。

わたしと千穂さんはビールを持って、歩いて私達のベッドがある離れに戻った。ここであったいろいろなことを笑いながら話せることがほんとうに幸せだった。寝る直前、千穂さんはもう一度わたしのほうに来て、大きな笑顔でこう言った。

「私達、ほんとうの意味で生き延びたんだね。アイリーンちゃんがここにいること、わたしがここにいること、ほんとうに嬉しいよ。すごいものを見させてもらったよ」

そう言って、強くわたしを抱きしめてくれた。

わたしは、大きな気持ちに満たされながらベッドに入った。今までこんなふうに誰かから許されたことがあっただろうか。謝るだけ謝っても、わたしが恐怖に満ちていて、相手の答えを受け取る前にふさいでしまうか、または、相手がまるで何もなかったかのようにしてくれるから、優しいけれど、不安に満ちたわたしは、ごめんなさいが届かないような気持ちでいることが多かったのではないか。

でも、それはすべて、わたしの記憶が創造してきた世界だ。すべて、今まで自分が自分にしてきたことだった。怒り、許さず、そこに完了を作ってこなかった。自分を、または誰かを責め続け、存在を肯定しないまま、時に流され、場によって一喜一憂を繰り返してきた。しかし、今日起きた事故で、わたしはクリーニングをした。わたしはわたしを今日、許した。今日、あの事故現場で体験したことは、ホ・オポノポノの「悔悟と許し」、まさにそのプロセスだった。過去に何が起きたのかはわからないけれど、今体験したことをほんとうに自分の問題としてクリーニングする。そうすると、歴史を超えて、わたしの知っているドラマを遥かに超えて、それぞれが許し合い、ほんとうの自分に戻って行ける。

わたしはそれを今日、実際にその場で体験することができた。でも、これは決してハワイの土地だから起きたことではない。KRさんがクリーニングしてくれたからだけでもない。みなで地面に座り込めばいいってものでもない。ほんとうは東京でも、台湾でも、飛行機の中でも、どこでも、わたしがクリーニングをする場所で、起きていることなのだ。

　カビの臭いに満ちたこの部屋で、わたしは今に戻ってきた、そう感じている。小さい頃のわたしでもなければ、大人が怖い、というドラマの中にもいない。わたしに「今」が戻ってきた。

　千穂さんもKRさんも、KRさんの家族も、ハワイで出会ったみなさんも、ヒューレン博士も、モーナさんも、日本の家族も、これから結婚する彼もその家族も、友達も、日本も台湾も、これから出会う人も出会う土地もみんなこころから愛しています。きっとそう思えない日もまたやってくるだろう。でも、そうしたら、またクリーニングに戻っていけるわたしでいたい。わたしは自分の記憶をお掃除し、愛を取り戻す方法をもう知っているのだから。

　この牧場はククイの木ばかりだ。わたしは今ククイの木に足を向けちゃっているだろう。もしそうだとしたらごめんなさい。助けてくれてほんとうにありがとう。愛しています。

最終日

目覚ましが鳴る前に起きた。たった二日この牧場にいるだけなのに、朝昼晩の風の向きによって、外の草が揺れる音に違いを感じられるほどになっている自分に驚いてしまう。クリーニングするってとっても楽しいことでもある。自分の潜在意識、ウニヒピリと一緒にいればいるほど、生活に現れる一つひとつのことにきらめきを見つけられるようになるのは、どんなにおしゃれな服を着て、話題の場所にただ行くことよりも、自分を豊かにしてくれる。

あと二時間したら、ここを離れ、また飛行機に乗って、オアフ島に戻るのだ。この数日の間に、わたしのからだもこころも様々なことを体験したが、何かを洗われたような、すっきりした感覚がある。それでも、この風でガタガタという古い窓や、牧場に暮らすみんな、馬や牛や犬たち、日が沈む前に千穂さんと外に座って飲んだビールなど、いろんなことが恋しくなってきてしまった。すっかり慣れた、古い天井を見つめながら、『「わたし」の平和』（巻末収録）をこころの中で読むことにした。これは、別名で『閉会の祈り』と呼ばれ、何かを完了する際、離れる際に唱えられているホ・オポノポノのお祈りの言葉。モーナが『「わたし」は「わたし」』と同じく、瞑想から導き出した言葉だ。ヒューレン博士にこんなことを言われたことがある。

「あなたがその土地を離れたつもりでも、記憶がクリーニングされない限り、その関わりは無意識で続きます。あなたのウニヒピリはそうやって常に、様々な存在と記憶の再生で縛られ、とても疲れてしまいます。完了を迎えないと次の流れは運ばれてきません。自由と関わるために、この祈りを読むのです」

「わたし」の平和

あなたに平和を　**「わたし」のすべての平和を**

平和　**それは「わたし」**　**平和それは**　**ありのままの「わたし」**

いつもいつでも平和を　今もこれからも　はてしなく
あなたに　平和をわたしします「わたし」の平和を託します
それは世界平和　いいえ「わたし」だけの平和
「わたし」の　平和

「わたし」の平和

わたしがわたしであるために、この土地、そしてわたしがこれから関わるあらゆる土地のために、これを読んで、できるだけ、わたしの思い出もすべて含めてクリーニングして、この地とお別れしたいと思った。完了することによって、自由がわたしに運んでくれることのほうが、今のわたしには何万倍も魅力的に感じるのだ。

荷物をまとめて母屋に向かうと、夏休みでいつもは遅く起きてくるKRさんの孫達がもう起きて待っていてくれた。笑顔でまた会おうね、と言いながら、旅の思い出をみなでお話しする。

昨日起きた出来事をヒューレン博士に報告を兼ねて夜の間にメールしていた。事故を起こしてしまったこと、そしてKRさんを始め、みんなのクリーニングに感謝していること。メールを開くと博士から長めのメールが届いていた。

アイリーンへ

昨晩起きた体験を話したいと思う。

夜中に突然眠りから覚め、もう一度眠ろうとしたのだが、なかなか寝付けなかった。そこで、今の自分の人生で現れていることを、あれこれと「考えて」みた。注意深く。そうすると、突然、まるで火山が噴火するように、こころの中が荒々しく乱れ熱くなるのを感じた。ある一つの事柄が見せてくれる以上の混乱を体験した。そこである実験をしてみた。この混沌は一体どんな形をしているのか、こころの内に目を向けて実際に見てみることにしたんだよ。

ウニヒピリは、すぐにそのメモリーバンクの中に入っていった。すぐに見えたのは巨大な嵐だった。様々な色や形、言葉が渦巻いて、遠くから見る限りはどす黒い灰色だ。その場は音が激しすぎて、むしろ無音だった。それはまるであらゆるエネルギーを溜め込んだ巨大な山のようで、制御を失い、さらに磁石のように次の想念をかき集めて巨大化しているように見えた。

そこでウニヒピリからの声が聞こえてきた。『これは想念の固まり。今、クリーニングできることだよ』と。

そして、わたしはその声に従った。四つの言葉をただひたすら唱えた。こころの中で目をつぶって四つの言葉を丁寧に繰り返してみた。しばらくして、また目を開けると、嵐は消えていた。探してみたけれど見つからなかった。完全に消えてしまった。それでもさらに探してみたら、不思議なものを見つけた。それは、さっきまで山のような形をして荒れていた嵐の抜け殻のようなもの、無の背景のようなものが見えた。それはやはりとてつもなく巨大なのだけれど、それは完璧な空《くう》。まっさらなものなんだ。驚いた。そして、見えた。そこに小さく光が差し込んだり、光ったり、瑞々《みずみず》しくはじけたりするのを。そして、これが『「わたし」は「わたし」無より出でて　光にいたる』状態なんだと、はっきりと見えた。『ほんとうの「わたし」』はこの空《くう》の中で無限に姿形を変えながら、創作し、消去し、流れ、光っているものなんだと。そして、この中で、この空の状態であるときに初めてわたしは、あなたやわたし、日本も、ハワイも、家も、お金も、車も、竹やハイビスカス、波しぶき、すべてがその完璧な形として存在しているのだというヴィジョンが見えた。源はすべてマナなんだ。

この瞑想状態から目覚めて、実際の自分の部屋を感じたとき、そしてからだの状態を体験したとき、わたしは自分が老いた身であることを全く忘れ、まるですっきりとした言葉にしがたい幸福を感じたよ。

君が生まれてきたことを『愛』として受け取ってほしいと思う。そしてそれが宇宙全体で体験されればいいと思う。そのためにわたしは自分のことをクリーニングし続けよう。平和は「わたし」から始まるのだからね。

わたしの平和　イハレアカラ

ほんとうの自分を生きる旅

空港へは、KRさんの娘のケアラさんが車に乗せていってくれた。車の窓から見えるハワイ島の景色が外側ではなく、こころの内側で動き見えているような、不思議な感覚になった。

モーナさんはよく言ったそうだ。

「あなたが吐き出した言葉、想い、行動は、すべて自分に戻ってきます。あなた以外のものなんて何もないのです。怒りも恐れもすべては『愛と自由』を求める叫びなのです。だから、あなたが何を見て、どう感じようとも、それをクリーニングする責任があるのは、あなた自身です。そうして、ゼロがあなたに見せてくれる美しさ、豊かさは、あなた自身のものなのです。どこにいても、誰といても」

あっという間に空港に着き、KRさんもしばし娘とのお別れだ。KRさんが娘さんや孫達をこころから愛しているのは、そばにいるとよくわかる。しかし、ほんとうにKRさんはクリーニングして接しているのがよくわかる。恋しさ、懐かしさ、寂しさ、すべてをできる限りクリーニングしているのがよくわかる。自分達が本来の仕事に向かえるように、いのちを最大に生きるために。KRさんは「自由が愛である世界」を生きている人だ。

荷物のチェックインを済ませ、KRさん、千穂さん、わたしの三人で飛行機に向かう際、チケット確認のときにわたしだけ検査官に止められてしまった。どうやら、チケットの名前とパスポートの名前のアルファベットが微妙に違っているようだった。わたしは余裕で「あら、ごめんなさい。パスポートの名前が正しいほうです」と言って、進めるものだと思い込んでいた。ところがどっこい、検査官は見るからに厳しそうな男性。わたしをギラッと睨《にら》んでいる。わたしは、なんでこんな小さなことで止められなければいけないのかと怒りが湧いてきた。

前方では、KRさんと千穂さんが心配そうにわたしを見ている。検査官は他の担当者が来るからここで待つようにと、いかついガードマンにわたしを見張らせてどこかへ行ってしまった。なんでこんなことになってしまったの？

千穂さんもKRさんも確か午後から大切な用事があるって言っていたはずだ。KRさんが大きな声で呼びかける。

「ごめんなさい、アイリーン！　ここの国内線、いつも厳しくて、定刻で出発してしまうの。わたしはどうしても外せない契約がオアフで待っているから先に飛行機で待っています！　何かあったら電話してね！　あなたのウニヒピリ、ここでまだまだクリーニングしたいのね！」

最後の一言がジョークなのか本気なのかわからないまま、ほんとうにKRさん達は乗り込んでしまった。そんな〜！　と思ったし、頑固な男性検査官になぜか無性に腹がたったが、この一週間、わたしがハワイに何をしに来ていたのかを思い出す。モーナのもとで自分の人生をホ・オポノポノという道具を使いこなして生き続けてきた人の教えを受けながら、自分を一生懸命クリーニングしてきたではないか。今こそそのチャンス！ モーナがどこかできっと囁いている。

「あなた以外のことなんて何一つありませんよ。怒りも恐れも『愛と自由』を求める叫びですよ。この瞬間だって、あなたがほんとうの自分を生きる、とっておきのチャンスなのよ」

クリーニングするか、しないか、それはいつだってわたしが自由に選択することができる。なぜだか威嚇《いかく》しているように感じるこの男性たちをクリーニングして、前代未聞の自分と出会うか、それとも、怒りの中で溺れてしまうのか。

それでは、クリーニングしよう。ほんとうの自分を生きる旅を続ける方法を、わたしはもう知っているのだから。

遠くから別の検査官がこちらに向かってくる。その奥には青空が広がって、この旅でいつも目にしてきた溶岩が黒くキラキラと光って見えた。

こころはすでにだんだんと爽やかに、そして平和を取り戻し始めていた。

ほんとうのわたしと生きていく。

わたしのホ・オポノポノ　ジャーニーが続いていく。

ＫＲ＆吉本ばなな
ホ・オポノポノ
トーク

聞き役：平良アイリーン

アイリーン　『ホ・オポノポノ　ライフ　ほんとうの自分を取り戻し、豊かに生きる』（講談社刊）から四年ぶりの対談です。これまでにも何度か、お二人はハワイや日本で会われていますよね。わたし自身も、またお目にかかれて、とても嬉しいです。

ＫＲさんとばななさんは、わたしの中の女性観を変えた存在です。それまでのわたしは、女性同士の人間関係に偏見を持っていて、どうしたって依存したり、されたりという体験がつきものであるとか、そんなことを考えたりしていました。

でも、お二人と出会ってから体験するのは、ときに「なんか寂しい、そっけない」と思いさえするくらい、はじめは突き放されているという気持ちを感じました。でも、何度かお会いしていくうちに、これは突き放されたりしているのではなく、自分を一人のアイデンティティーとして尊重してもらっているのだということに気がつきました。ただ、この感覚に慣れていないから、初めは少し寂しかった。今ではお二人に、こころから感謝しているし、大好きです。この感覚を家族や恋愛や友人との関係の中で広げていきたいって思っています。

今回のインタビューでは、クリーニングを通して、一人の人間として自立して生きていくってどんなことなのか？　そのヒントを、こころから尊敬するお二人に聞いていきたいと思います。

ばなな　ちょっとその前に。平良ベティさん（著者母親）の通訳の素晴らしさに驚いています。単語の選び方がすごい！　詩みたい！

KR　ベティさんとわたし、昔双子だったから、相性抜群です！（笑）

ばなな　こっちは双子で、こっちは親子。そっか、納得です（笑）。

KR　話を戻すけれど、わたしたちがここで話すことはセルフ・アイデンティティー・スルー・ホ・オポノポノです。だから、アイリーンがしたその体験はわたしが何かをしたわけではなくて、あなたがクリーニングしたから起きたこと。素晴らしいわね。

アイリーン　お二人と一緒にいると、クリーニングを思い出すことができるので、自然と自信を感じることが多いんです。

KR　それはあなたの体験で素晴らしいもの。わたしは今ここでできるクリーニングのベストを尽くす、このことに限りますよね。

ばなな　ここでこの部屋（講談社応接室）をクリーニング（一同爆笑）。

アイリーン　ばななさんが最近クリーニングを通して体験されたこと、何かシェアしていただけますか？

ばなな　この本のインタビュー原稿を読みましたが、すごくいい本だと思いました。なぜかというと、ホ・オポノポノを長く続けていくことによって、必ず一度は湧いてくる疑問、つまり「自分は非人間的な状態に陥ってはいないだろうか?」という疑問に答えてくれると思ったからです。「人間としての情を失っていないだろうか?」と。クリーニングし続けていると、だれもが一度は感じることがあると思うんです。この本の中でモーナさんの人となりに触れられることによって、その答えを見つけられた気がします。

わたしの仕事は小説を書くことなので、探偵のような状態になることがあります。つまり、姿を変えて、人々の中に入り、取材して、また戻ってくるということです。それはリスクの高い行動で、危険でもあることだと思います。役者のように演技を必要とする場面もあるし、霊的にもリスクが高いことがあります。もちろん、それをクリーニングすることを知って実践してこられたことは、とても良かったことだと思っています。

この本の中で、モーナさんが前世でワイキキビーチに夜中集

まってくる亡霊を還すことをしていたときに、失敗して死んでしまったとありましたが、そこで今までわたし自身が負っていたリスクを理解すると同時に、クリーニングするってどういうことかを肌でわかった感じがしました。

アイリーン　わたしも、家族間の情でサポートしあうということを今までとても多く見てきたし、自分もそこで動いてきたと思います。それに安心や良きことを見ることももちろんありますが、情にひっぱられて、本来のやるべきことを見失ってしまうことも多くあります。そこでホ・オポノポノは有効だということはわかったけれど、生きているとそれは多くのバリエーションの中でいろんな人やことと関わっていくから、情を無理やりないことにして関わり、後で傷つけ合ったりする。でもそういうときは大抵クリーニングをしていないのです。今でも、そのバランスみたいなものは実践の中で学んでいるように思います。

そこで、KRさんから学んだことは数多くあります。講演会などの様々な場面で、一見「冷たいな。そんなあっさり終わらせちゃうの?」というような感想を持ったことは正直たくさんあるんです。でも、一歩引いて見てみると、また違う日にその人と会ったとき、見違えるように元気になっているのを多々目撃して驚きます。わたしがKRさんやばななさんから感じるように、きっと本来の自分の底力のようなものを信頼してもらって、その場は物足りないように思っても、奥底ではぐぐって生き返るようなきっかけになっているのかもしれないって。

KR 面白い表現をしましたね。何度も繰り返しますが、わたしの責任はわたしの中で体験されることをクリーニングすることです。ばななさんがさっきお仕事の中で探偵みたいになることがあるっておっしゃったように、わたしが個人セッションやボディーワークをするときに、クリーニングをしないまま相手の領域に飛び込んでいって、感情にだけひきずられてしまうということは危険なこと。情があるのに無視するということと、自分の中に現れた情を認めて、それをただクリーニングすることは、全く異なりますよね。クリーニングして、ほんとうの自分でいることがまずわたしにとっての第一優先事項です。わたしは若い頃、ビーチでライフガードをやっていたことがありました。溺れている人を前にしたときに、相手が海の中に沈んでいくとき、わたしもそれについていったら、二人とも死んでしまいます。それと同じで、そんなときでも、自分を取り戻して、自分の仕事をセンターに置き、そのときすべきこと、溺れている人を引っ張ることをしたいんです。

いろいろな人とセッションで接してきて、なんてかわいそうなんだ、なんとかしてあげなきゃ、という体験が出るときは、もちろんわたしにとってのクリーニングのサインです。

アイリーン　わたしはどちらかというと涙もろくて、情が深いタイプだって自分でなんとなく思っていたけれど、反面冷たい部分もあって、どこかで「ここまでやってわかり合えないから、もう終わり」と簡単につながりを終わらせてしまう部分もあります。でも、今のお話を聞いて、わたしは勝手に終わらせてしまったつもりでいたけれど、そこで相手にいろんな想い、同情や怒りや恨みがある時点でまだまだつながっているんだな、と気づかされました。相手に何か想いを感じているのであれば、クリーニングするべきなんですね。

さっき、わたしがKRさんの様子を一見あっさりと冷たい、と表現しましたが、あるときこんなことがありました。講演会でKRさんにずっと会いたかった年配の女性が少し興奮気味にKRさんのところに駆け寄られたんです。そんなときKRさんは、やっと会えて嬉しいという状態になっている女性にテンションを合わせることをせず、こう言いました。「あなた、お水が飲みたいんじゃない？」って。わたしにはどう見ても、その女性がお水を欲しているとは見えなかった。でも、そう言われた女性は素直に会場に置かれていたお水をごくごく飲んで、その光景にわたしは感動してしまったんです。なんかいいな！　って、さっぱりしました。ＫＲさんは、いつもその人の表面的な部分ではなく、「いのちの部分」が欲しているところを見ているんだなって。わたしは、この人はＫＲさんとやっと会えて嬉しいはず、としか見ていなかった。

ＫＲ　あら！　そんなことがあったかしら（笑）。ごめんなさい。そのことは忘れてしまったけれど、でもモーナからこんなことを言われたことがあるの。「あなたの前で笑っている人が、その潜在意識の部分で何を体験しているのかはわからない。だからこそ、まずはあなた自身をクリーニングしていなさい。そうしたら、ウニヒピリ同士に秘密はないから、相手のほんとうに言っていることが聞こえてくるのよ」って。相手との完璧なリズムを取り戻せると。

アイリーン　はい。ばななさんとお食事を（ばななさんがお住まいの）下北沢でご一緒させていただく機会があった際、わたしはその感じを体験しました。やっぱりばななさんは有名人なので、周りに座っているお客さんが「あれ、吉本ばななさんかな～」って感じで話しているのが聞こえました。

ばなな　いや～有名人じゃなくって、いつも近所で食事しているから、ほとんど周りが知り合いなだけなんじゃ……。

アイリーン　はい。でも、ちょっとざわざわしたりってあったんです。で、「吉本ばななさんですか？」って話しかける方もいらっしゃいました。そのときのばななさんの瞬時の対応が、さっきのKRさんのおっしゃったことと共通していると感じました。ほんとうはその方がいろいろとその場で求めている感じをわかっても、あえてなれなれしくすることもなく、でもこころからの言葉で、まるでその瞬間その場がすっと落ち着くようなお返事をするなどの対応を拝見し、とても感動しました。誰かが勝って、誰かが負けるというような駆け引きがなく、初めて会った人と人が誠実に関わっているような。もちろんわたしに同じようなことが起きることはありませんが、これは家族や友人関係の中でも学びたいことで、ほんとうはその人の奥の部分でずるずると求めたりする部分があっても、まずはわたしが自分を取り戻し、相手が完璧な人間であることを尊重するところから何か始まる部分があると。これって日々自分を律したり、クリーニングしていないと、一瞬の対応であんなふうに気持ちよくいられないなって思います。このことでコツを教えていただきたいです。

KR　クリーニング！

ばなな　KRさん、さすがです（笑）。でも、日本の読者の方に伝えるにはたぶん具体的に言ったほうが良い気がするので、ちょっぴり長くなるのですが、説明させてください。

アイリーン　お願いします。

クリーニングしあうということ

ばなな　わたしは犬や猫と暮らしていますが、彼らだって、嘘はつくんです。「食べてないよ」とか「まだ散歩してないよ」とか。でも、彼らはつくらない。つまり、わたしにもっとかまってほしいから、かわいいふりをするとか、わたしに好きになってほしいから、たくさんわたしを褒めてくれるとか、そういうことはない。「今日のあなたの髪型いいですね」とか言ってはこない。でも彼らがそこにいるだけで、わたしとの間に何か大切なものがあることははっきりとわかります。で、ほんとうは人間同士もそうあるべきではないか、と思うときがあります。

でも、それはほんとうに困難なことで、自分の中をクリーニングしていないと、常に困難です。なぜなら、基本的に人というのは、自分のことも騙すし、人のことも騙すものだから。いつの段階から始まったのかはわからないけれど、人間に染み込んでいる部分だと思います。

一つ自分自身の具体例をあげると、わたしは基本的には自分には幽霊は見えない、ということにしているし、人に聞かれたら「見えません」と答えます。ただ先日箱根に行ったときに、とても古い旅館に泊まりました。そこには暗いロビーがあって、暖炉がありました。夜中にそこを通りかかったときに、なんだかたくさん人がいるな～と感じたのです。そこで、もちろんクリーニングをします。そこにはヘルメットをかぶったまま立っている人など次々と出てくる。ああ、ここは箱根峠だからね～と。そのとき、怖いとかいうわけではなく、ああ、そういうことがあって、この人はこういうことで亡くなったんだ、でもロビーはふだんにぎやかだし、にぎやか過ぎると居づらい、だからこういう暗いときに、ここにちょうどいるんだ、というのがわかってきました。そのとき特に自分の中に、こんなところをさまよっているなんてかわいそうとも思わなかったし、向こうの人たちも「ねえねえ聞いてよ！」「助けてよ！」というのもなく、そこでこちらもわかってあげて、がんばって清めて、ここもいい場所になったね！というのもなく、ただお互い出会った。クリーニングをされていくというのは、こういうことなんだなって思いました。そこで、もし生きた人間もこういうふうにできれば、どれだけいいことなんだろうと思いました。でもそれはやはり難しいことだし、なんで動物や幽霊のようにはいかないんだろうなって、思いました。こんな話をホ・オポノポノに興味がない人に言ったら、「別に動物とか幽霊とかと過ごしたいわけじゃないから関係ない」と言われると思います。

確かにそうなんだけど、もしも人間同士も自分自身をお互いクリーニングしあいながら、自分自身でいられたなら、そんなふうになるんじゃないかなと、わたしは希望的に感じています。

KR　すごくわかりやすいですね。とても具体的です。わたしにとっては、どんなときも自分でいるところから人や物、土地と関わることは、必要不可欠なことなんです。不動産として、あまりうまくいかないテナントと関わるときなんて、このギクシャクした感じが自分の中にあるなんて、いや問題は相手にあるはず！　とついつい思いたくなるんだけれど、それをそのままにしておくことは自分の中で痛みとして広がっていくの。だから、やっぱりクリーニングしていくしかないんです。

アイリーン　KRさんの牧場に行ったときに、ある朝こんな光景を見ました。近所の、といっても広大な土地のとなりの牧場から来たムキムキマッチョな男性陣がある朝、KRさんのお家を訪ねてきました。詳しい内容は聞こえませんでしたが、何か牧場に関わる話し合いをしに来たようです。そのとき、家にはKRさんのお孫さんのたった一人をのぞいて、みんな女性だったので、わたしは内心どきっとしました。相手があまりに大きかったので。そこでKRさんが彼らと話しに行く際にクリーニングしているのがよくわかりました。KRさんは、自分は女性だから、しずしずと行くわけでも、あえて男性らしく身構えるんでもなくて、きっとただクリーニングしていたのでしょう。いつものKRさんでした。そしたら、次の瞬間、その三人の男性も、さっきまでの威圧的な感じがなくなって、みながそれぞれ一人ひとりの人間っていう感じで、あとは和やかに話されていました。もちろん、わたしもクリーニングしたことで見え方が変わったのかもしれませんが、素晴らしいって思いました。

KR これって面白いですよね。わたしも長年、男性、女性であるということをクリーニングしています。気づいた時点でクリーニングしないと、自然と流されて、自分じゃない誰かになってしまったり、相手もその人として見えてこないですからね。

アイリーン KRさんやばななさんのもとには、日々いろんな人が訪れると思います。職業、年齢、

バックグラウンドはもちろん国籍さえ異なる人と接せられるとき、やっぱりどうしても合わない人や一緒にいて難しいなと感じることは人間だからあると思うのですが、そういうとき、どうやってクリーニングしたり、自分をベストな状態に持っていったりするのでしょうか？

自分のほんとうのホーム（家）

KR　わたしの場合、個人セッションなどで出会う方の中には、わたし個人ではあまりしない考え方や、そうしないなと思う生き方をされている方もいらっしゃいます。そういうときでも、この人は表面的にどう見えようと、クリーニングしよう、と思ってここにいる、そしてわたしにクリーニングのチャンスを与えに来てくれている人なんだ、ということを再び思い出せば、わたしは簡単にいつもの自分に戻れる気がします。さっきのばななさんの幽霊のお話にも通じるところだと思うのだけれど、ああ、あなたはここにいるのね、こういうふうにわたしには映っている、じゃあわたしは今自分ができるクリーニングをしましょうって。

モーナにあるとき、こんなことを言われたの。

「自分の人生でホ・オポノポノが必要、これがあるから生き方が変わってきたという体験をして、日々それを実践し始めているということは、それをどこかであなたに与えてくれた人がいるということよね。いちいち言葉で教えてくれなくても、それに出会うために必要だった人がいると思います。例えば、わたしがあなたと一緒にいるときに、いつもクリーニングしているように。それと同じことをあなたも出会う人にきっとできるはずだし、したいことです。まるでバトンを渡すようにして、あなたの人生の中で出会う人、もの、ことに対し、あなたが体験することをクリーニングしていくことで、ホ・オポノポノのリレーは無限に続いていくわ。ほんとうはみな自分のほんとうのホーム（家）に戻りたいだけなのだから」

モーナがそのとき、バトンを渡すみたいな身振りでわたしに話した様子を今でもはっきり覚えています。

アイリーン　ホ・オポノポノで学んだことですが、私達がいくら表面的にはあれをくれ、これをくれ、こうしたい、ああしたい、と言い合っていても、私達の本質の部分では、みんながマイホームに戻りたいだけなんですよね。わたしは、それをしょっちゅう見失ってしまうので、そこからぶれないKRさんのそばにいると、自分の尊厳を大切にしてもらっているような気持ちになります。

KR　わたしもクリーニングしないと、しょっちゅう自分を見失います。

アイリーン　ばななさんはサイン会やご講演などで、様々な方とお会いになるときに、こころがけていることはありますか？

ばなな　わたしにとっては、幽霊とかのほうが楽ですね。対人間だと、わたしも今アイリーンちゃんが言ったように、本質を見失っちゃうときがあります。あまりにも不遇で気の毒な人や、あまりにも魅力的というか目立つ存在、つまりその場にちょうどいい大きさではない人がやってくると、やはりこころが動きます。でも、あるときから、生きる目的というのは、ＫＲさんが先ほどおっしゃっていたお家に帰ること、自分自身になること、でしかないと確信を持ってからは、もちろんホ・オポノポノを実践して、少しわたしも変わった気がします。

多分、昔だったら、さっきの古い旅館に泊まって大勢のそういった存在と出会ってしまったとき、すごく怖がってみたり、すごく強がってみたり、いちいち話を聞いてあげたほうがいいかな？　とか大変揺れたと思うんですが、ここでいう「揺れ」を人生そのものだと思っている人が、世の中の大半なのではという気がします。だから人間関係が大変になってくるんだと思う。でも、そこに自分を始め、みなが気づくには、やはり自分が自分を取り戻していくことをコツコツどの場面でも実践していくしかありません。一秒でも多く、自分自身でいるということ以外、本来他の人にできることって、ないんだと思います。

KR　素晴らしいです。自分自身である、ということって、それくらい本来パワフルなことです。

ばなな　はい。この本の中でアイリーンちゃんの体験として書かれていた箇所で、わたしもほんとうに同じ体験をしたというエピソードがあるんだけれど、わたしの知り合いでサイキックの人がいて、スプーンを曲げたりして、とても有名になった方なのですが、有名ではなくなるきっかけになる事件があり、ほんとうはとてもいい人なのだけれども、よくないこともしてしまい、逆にそのせいで、また有名になってしまいました。十年に一回とか、たまにしか会わないけれど、たまたま彼の家に遊びにいく機会があって、彼も含めて彼の友達や彼の奥さんとすごく楽しく話しました。それで、別れ際に「じゃあ、お邪魔しました〜！」と何の感情もなく楽しい心を持って玄関で言ったのですが、そこでその彼と目があって、ハグをしました。そしたらなぜか、お互いにものすごく涙が出てきた。でも、エレベーターに乗るときには、あれ、なんで泣いたんだろうというような。なんかそのときに、クリーニングって、こういうことなんだなと思ったんです。つまり、その前にもあとにも感情を持っていなかったんです。実はそのあとに彼はもっと大変なことにもなったのですが、あの体験があったから、今度は彼を判断しなかった。そのことはなぜだか、ものすごく良いもので、ああ、ほんとうはそれでいいんだなど、すっとしたんです。例えば、あなたはこうだから良くないとか、でも、ほんとうに超能力はあるね、奥さんと仲良くねとかいちいち言わなくていい、自分にも相手にも言わなくていい。クリーニングの過程で正しいときに正しいことが起きて、澱《おり》というか、しこりみたいなものは、いずれなくなっていくという気づきでした。

先祖のクリーニング

アイリーン　『小さないじわるを消すだけで』（幻冬舎刊）というご著書の中にある、ばななさんのお父様が亡くなる際のエピソードに、わたしは深く感動しました。ばななさんとお父様の間でコツコツ紡いだお二人の関係と、その最期の一瞬のやりとりによって、お父様とお父様のお母様（ばななさんのお祖母様）との関係を作り直し、塗り替え、よいものに上書きすることができたという箇所です。そして、それは、これからも続いていくばななさんの一族にとっても重要なことである、と本の中に書かれていました。

ホ・オポノポノでは先祖のクリーニングはとても大事であると学びます。同時に、今の自分のあれこれをクリーニングすることが未来の自分の子孫にも大きく関わるとも学びます。ばななさんとお父様のその体験は、そのことのかなり具体的な例だと思いました。

ばなな　自分の父親は欲がなくて、しかし、よく仕事をしたので、その時々に必要な収入はあり、無事に天寿を全うしたのですが、わたしは自分の中の実業家的な部分をすごくコンプレックスに感じていたところがあるのです。けれど、家族の歴史を調べていくうちに、曾祖父が実業家であったことがわかって、それがほんとうの意味でわかったときに、このわたしの一部分は決して悪いことではないのだと腑に落ちました。しかし、父とわたしの二人だけの間を見ていくと、それはあまり良いこととして、わたしの目には映らなかった。何を言いたいかというと、このようにたった三代の中で、これだけのことがあるんだから、無意識でもどれだけ自分がいろいろなことを背負っているんだろうと思うと、ほんとうに歴史を変えるのは今ここからしかない、記憶をクリーニングできるのは今しかないというのが実感としてわかりました。今ここで始めなければ、次に送られてしまうということも。そして、これを繰り返しているのが、人類だから、自分がそのことに気づいたのであれば、ちょっとずつでも実行していくしかないですよね。父との出来事でこのことを大きく実感させてもらいました。

アイリーン　わたしの家族は、どちらかというと小さいサイズで、あまり家族の歴史をたどっても、はっきり出てこないというか、先祖がいない。

ばなな　いえいえ、先祖は確実にいますよね！（笑）知らないだけじゃ？

アイリーン　あはは、そうですよね。知らないだけです。先祖は人類平等、確実にいますもんね。でも、昔からどこかで、先祖と言われると、何かピンとこない、自分とは関係のないジャンルだと思っていた部分があるんです。でも、ホ・オポノポノでは、先祖のクリーニングは大切だと学ぶし、ばななさんが今おっしゃったように、ひいおじいちゃんの代だけでも、それだけのクリーニングの機会があるということは、もう想像を絶するボリュームの記憶があるんだなと腑に落ちるものがあります。だからこそ、今自分が体験する両親とのことをコツコツとクリーニングしていくことや、先祖のことをあまり知らないから、なんか寂しいなという気持ちをクリーニングしてみたりすることが、自分の未来や過去に変化をもたらすということが何か見えてくる気がします。

ばなな　父とのことは、とてもわかりやすいと思うのですが、わたしは父と同年に亡くなった母との話もあって、ある日寝たきりの母のそばにいて、そのとき母はすごく具合が悪かったのですが、そこでわたしができること、例えば、汗を拭いたり、エアコンの温度をこまめに調節したり、飲み物を用意したりしていました。そこで、わたしは母がもうそんなに長くはないなということがなんとなくわかりました。そのことをクリーニングしていると、そこで母が突然「なんとかして！」とわたしに言ったんです。「なんとかして！」と繰り返したんです。そして、そのときわたしは「これは、なんとかできないことなんだ」とこころから思い、これ以上なんとかすることはできないというのを、認めることしかできませんでした。もし、あのときわたしの心が違う方向へ逃げたり、そのことを自分から隠したりしていたら、母が亡くなったときすごく後悔したと思うのですが、あのときそう思ったことから逃げないでいたことが、クリーニ

ングの結果だなと思っています。そのときも心をこめて「ありがとう」と言っていたかはわかりませんが、とにかく、こころの中でクリーニングの言葉である「ありがとう」という言葉を繰り返し、その場をあとにしました。それから母は三ヵ月ほど生きたのですが、わたしにとっては、あの母との時間が二人にとっての最期だったなと思っています。そしてその最期のときに「ありがとう」とクリーニングできたことが、自分を今もすごく励ましています。

KR　素晴らしいですね。まずはそのときの自分の反応、感じたことを隠さず、正直でいられる、それはホ・オポノポノが私達に与えてくれる「自由」というギフトです。そして、その結果、あらゆる存在を本来のリズムに戻してくれる。そのことがよくわかる体験だと思います。親子であっても、それは同じ。

親から見たら自分は娘、兄弟から見れば末っ子、子供達から見れば母親で、孫たちから見ればおばあちゃん。このことって、いつも自分を驚かせます。こんなに自分という存在にいろいろな役割があるんだって。その体験をクリーニングすることも、先祖のクリーニングにつながります。そして家族との関わりの中で、今の自分たちの関係性をクリーニングすることを大事にしています。二歳だった頃の子供と自分の関わり方と、成人して母親や父親になっている今の子供たちと自分の関わり方は明らかに変化しているので、その都度クリーニングしていくことで、みなが自由に動くことができます。そして、この動きは、先祖や未来の子孫など、大きなファミリーツリー（家系図）の中で積み重なっている記憶が解放されることにもつながります。

アイリーン　ここ最近になって、急に両親が確実に歳をとっていっているんだな、と気づくことが増えたというか、それを体験する度に悲しい気持ちや、いつかお別れすることになる恐怖みたいなものを感じます。ばななさんが体験されたお父様やお母様との最期の瞬間を、そんなふうに正直な自分でいられるのか、わたしはまだまだこころの中が不安定だと思います。でも、家族だけでなく、愛する人が急に死んでしまうとなったときに、きっと「ああなってほしかった」「こういうことがあるから幸せじゃなかったのかも」とか、いろんな気持ちが出てきて、クリーニングどころではなさそう。でも、先ほどばななさんがおっしゃったように、こころから「ありがとう」と思わなかったとしても、やっぱりただクリーニングをそのとき実践できるって、素晴らしいし、それを実践できる自分でありたいなと心から思います。

KR　パーフェクト！　そして、それは今からすぐにできるクリーニングですよね。あなたにそれだけの気づきがあるわけだから、その寂しいな、怖いな、考えるだけで泣けてきちゃう、という体験を今のあなたがクリーニングできるってすごいですよね。

アイリーン　はい。お二人のお話を聞かせてもらって、今すでに未来を始めているんだなと気づきました。今自分のことをクリーニングすることで、将来自分の家族とか子孫である人々の未来をもう変えているのかもって。

ＫＲ　その通りです！　まずは自分から始めること。親子でも、親は自分の子供を支配するために生んではいません。わたしが親として子供にとって正しいと思っていることであっても、そのほんとうの原因は実際の子供の健康や豊かさを願うものなのか、それとも、自分の先祖の代から来る恐れや恨みの記憶なのかは実際のところわかりません。だから、いつでも、学生であっても誰かの子供であっても、親になっても、今ある想いをクリーニングしていくことで、まず自分が「ほんとうの自分」に戻る。ホ・オポノポノではこれを、ディヴィニティーのリズムに戻る、と表現することがあるのですが、わたしが「ほんとうの自分」に戻ることができれば、わたしと子供の間にある記憶はゼロになり、子供も「ほんとうの自分」に戻ることができます。つまり、わたしの親としての役割は、自分自身をクリーニングして、結果自分の子供をディヴィニティーのもとに帰してあげることです。

変革は対になって起こる

アイリーン　「自分の子供をディヴィニティーのもとに帰す」と聞くと一瞬、お別れのような、少し寂しい感じもしますが、今のお話を聞いて、それってもっと自由で開かれた、いろんな可能性が現実になっていく、そんなイメージになりました。わたしにとってばななさんと息子さんは、まさに自由で、一緒にいて楽しい親子です。自分が親になることをまだ経験したことがないし、よっぽどいろんな記憶があると思うのですが、未知すぎて、誰かの親子のそばにいるのが小さな頃から少し苦手でした。子供は大好きなのですが、親子が一緒にいるとき、何かしちゃいけないことがたくさんあるような、知らず知らずに失敗したら大変だとか。具体的にいうと、その子供にハグしてみたいんだけど、お母さんはいやかなとか、変にいろんなことを気にしてしまうところがありました。でも、ばななさん親子はそれを感じさせることがありません。ばななさんと会うときは自然とクリーニングを思い出せるので、自分のそういった親子への判断があまりない状態なのかもしれませんが、このことについて、ばななさんは何か思われることはありますか？

ばなな　この本の中で、「変革」は必ず対になって起こるという箇所がありましたよね？　そのことに関係することだと思うんですが、楽しいことがあるところには、必ずその反対となる部分が存在するということです。楽しいことが大きいということは、その反対も大きくなっているということです。それは反対にも言えて、子供によくないからこれもしない、あれもしない、としている親子がいるとしたら、その分、広がりが小さいわけだから、その対となる部分も広がらない。だから、アイリーンちゃんはそういった緊張を与える親子から、狭くいさせられる何かを感じているんじゃないかな？　もっと広がりたいよってアイリーンちゃんの内側では思っているんじゃないかなと感じました。大変なことも大きくなっていいから、新しい部分も見てみたい、自分のスペースを記憶から解放して広げていきたいということを、その体験を通して、見ているんだろうと思います。それはつまり自分の感じられること、存在を存分に知りたいという願い。

アイリーン　そうかもしれません。

KR　ナイスですね！

ばなな　あと、なぜかふと思ったのですが、特にわたしより下の若い世代の人たちって、楽しいことへの中毒のようなものがすごく強いという気がしています。それこそ、わたしの中でクリーニングしていくしかないんですけれど、すごく楽しくないと楽しいとは言えない、大きい声を出してはしゃいだ状態が大きければ大きいほどいいんだという傾向が、日本の今の時代に共通するクリーニング事項な気がします。何にもしていなくても楽しいとか、楽しいっていうのはしみじみしたものだっていうのを、いろんなところで伝えていければいいなっていうのを最近になって思うようになりました。

アイリーン　わたし自身のホ・オポノポノを通して感じた変化をまさに気づかせてもらった気がするのですが、わたしはホ・オポノポノを通して、特に母との関係に大きな変化を見るようになりました。母がまずホ・オポノポノを知って、みるみるうちに自由なのびのびした母として変化していくうちに、わたしも徐々に本来の自分を取り戻し、母と一緒にいても、自分らしくいられるようになりました。それとは別に、まさしく今ばななさんがおっしゃった現代の若者の、わかりやすい楽しいことでないと心が動かない、そういった感覚は、わたしの中に、きっとあった部分だと思います。というのは、昔は母と一緒にいても、ドラマでよく見るようなまるで友達みたいな親子じゃないから、わたしたちはあまり仲の良い親子ではないんだ、と思い込んでいた部分があります。

ばなな　ああ、「アイリーンお帰り！　何食べる～？　何があったの～？」みたいなね。ベティさんキャラが違う！（笑）

アイリーン　そう、そういうことを明るく毎日言ってくれたり、そういうのがあるかないかで判断していました。わたしが自分の母と一緒にいることに対する実感を感じる前に、他と比べて、うちは違うな、ハッピー系ではないな、と思い込んでいたと思います。それがクリーニングによって外れていったおかげで、今では、家で二人ソファーに半分寝そべりながら、それぞれ好きなおやつをつまみ、だら〜っと無言で過ごし、二言三言しか話さなくても、こころの中はすごく満たされていて、楽しいなと思うんです。でも、次の瞬間喧嘩していたり（笑）。

すべては潜在意識が扱っているもの

ばなな　ホ・オポノポノを始めると大変なことも増えるけど、楽しいこともバリエーション豊かに増えていくという実感がありますよね。なんか全体的に大きくなる。でも広げるってことは、自分がセンターにいて、さらに自我は消していないとできないことだから、そういうことを実践していくことが人生なのかな、と思っています。

いいことを起こすために、ホ・オポノポノを実践しているという人が多いと思うけど、そうじゃなくて、センターに自分を戻していくことがクリーニングすることなんだよっていう気がしています。自分がセンターにいれば、おのずと人生が広がっていくということ。

KR　モーナがよく言っていましたが、大笑いしている人の内側で実際に何が起こっているのかはわからない。今おっしゃったように、いつでも自分をセンター、ゼロに持っていくということは、すべての始まりだし、そこに戻ります。

今起きていることをクリーニングすることで、センターに戻っていける。例えば、今だったら、日本語と英語をクリーニングしていました。

アイリーン　ホ・オポノポノを含め、いつも自分らしく生きるコツや考え方を、ばななさんが発信される情報から受け取っています。

ばなな　こう言ったら語弊があるかもしれませんが、もしわたしが何も武器を持たずに人生を歩んでいたら、モーナさんが前世で失敗して亡くなってしまったように、わたしも何か大事なものを損なってしまっていたと思います。わたしがホ・オポノポノをはじめ、いいなと思ったこと、これは確かだと思ったことというのは、すべて潜在意識が扱っているものです。様々な教えがありますが、わたしが共感できる考え方に共通して言えることは、潜在意識をクリーニングするということです。それしか人間にできることはないと、その全員が言っている気がします。セルフ・アイデンティティー・スルー・ホ・オポノポノを実践するということは、合理的なことです。例えば、泳ぎに自信のない人が海に行くとしたら、浮き輪を持って海に入ります。それくらい、普通のことです。多くの人にとってそうなんだと思います。

KR　わたしにとってもそうです。ホ・オポノポノはサバイバルキットのようなもの。

アイリーン　わたしは吉本ばななさんの作品から、そしてKRさんのホ・オポノポノのコツから今まで、何度も自分を生きる方法を学ばせていただきました。今日このような機会をいただき、お二人の話によって、今回ハワイでの取材の中で得られたたくさんの経験や知恵を、さらに現実の生活に生かしていくための道しるべになりました。ばななさん、KRさん。今日はほんとうに魔法のような時間を、ありがとうございました。

Profile

吉本ばなな

1964年、東京都生まれ。日本大学藝術学部文芸学科卒業。
87年『キッチン』で第6回海燕新人文学賞を受賞しデビュー。
88年『ムーンライト・シャドウ』で第16回泉鏡花文学賞、
89年『キッチン』『うたかた／サンクチュアリ』で第39回芸術選奨文部大臣新人賞、
同年『TUGUMI』で第2回山本周五郎賞、95年『アムリタ』で第5回紫式部文学賞、
2000年『不倫と南米』で第10回ドゥマゴ文学賞（安野光雅・選）を受賞。
著作は30ヵ国以上で翻訳出版されており、
イタリアで93年スカンノ賞、96年フェンディッシメ文学賞〈Under 35〉、
99年マスケラダルジェント賞、2011年カプリ賞を受賞している。
近著に『スナックちどり』『花のベッドでひるねして』
『鳥たち』『サーカスナイト』がある。

「ホ・オポノポノ」について

ハワイ語で、「ホ・オ」は目標、「ポノポノ」はバランスのとれた完璧を意味します。つまり、ホ・オポノポノは、アンバランスを正し、もともとの完璧なバランスを取り戻すという意味。

古代ハワイアンの問題解決法であるホ・オポノポノをハワイ人間州宝である故モーナ女史がよりシンプルに、誰に頼らなくても、いつでもどこでも誰でも実践できるように編み出したものが、現在私達が実践しているセルフ・アイデンティティー・スルー・ホ・オポノポノ（以下省略してホ・オポノポノ）です。

ホ・オポノポノを簡単に説明しましょう。ホ・オポノポノでは、人間や動物、植物や土、海や山、川、鉄や空気など、有機物、無機物にかかわらず、どんな存在にもセルフ（自己）があると学びます。そして、それは表面意識（ウハネ）、潜在意識（ウニヒピリ）、超意識（アウマクア）という三つのセルフで構成されています。

クリーニングをスタートしたとき「わたし」と「神聖なる存在」の中で起こる働き

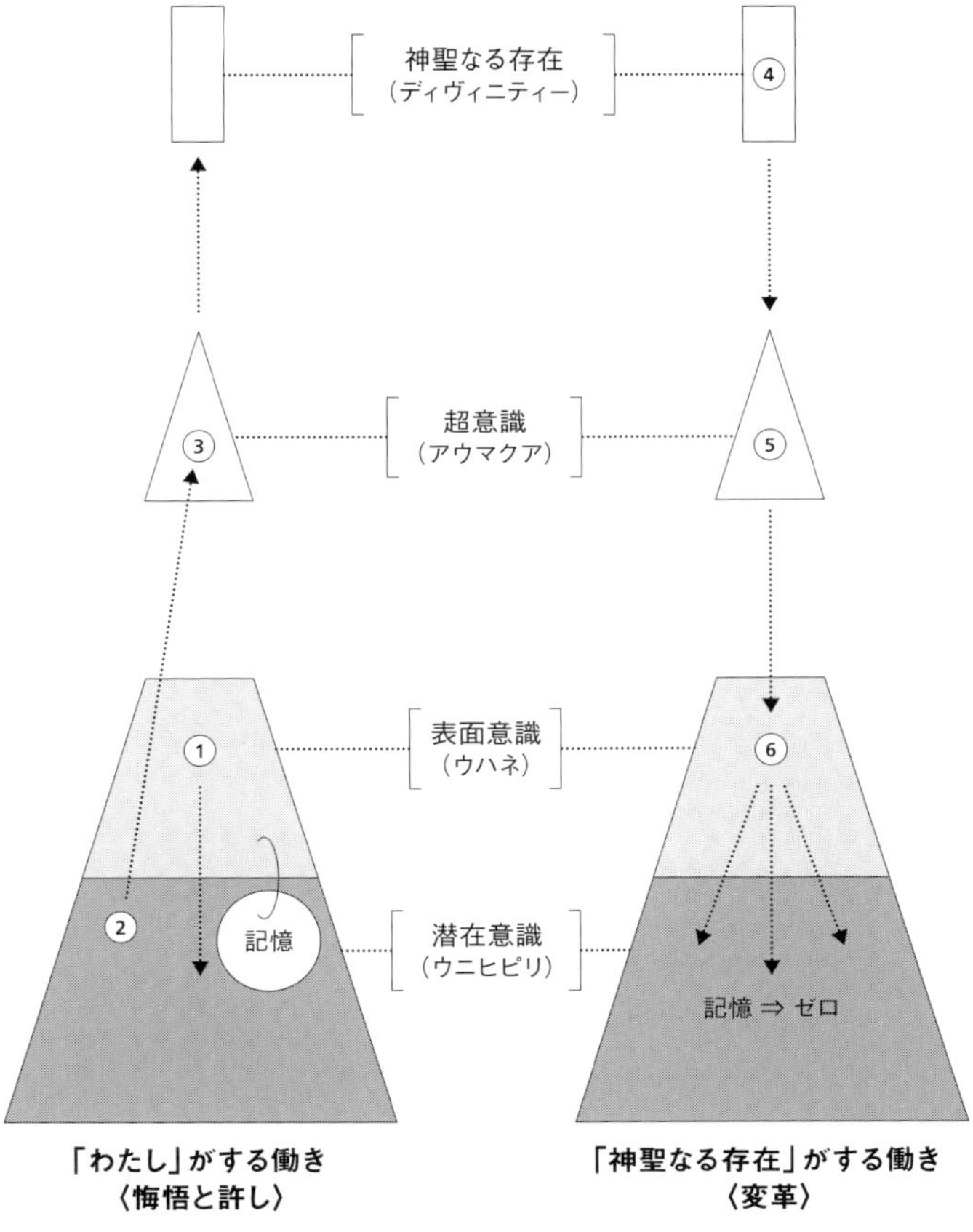

《表面意識（ウハネ）》

私達が日常で認識している意識、問題を知覚する部分。クリーニングの実践を選択することができる部分。ウニヒピリにとって母親のような存在。

《潜在意識（ウニヒピリ）》

インナーチャイルドとも呼ばれる。幼少期だけではなく、この世が誕生して以来のあらゆる記憶を保管し、感情や問題という形で再生し、表現している部分。ウハネがクリーニングを開始することで、それまで抱え込んでいた記憶を手放すことができる。

《超意識（アウマクア）》

ウニヒピリが届けた手放したい記憶を、唯一ディヴィニティー（神聖なる存在）に届けることができる。スピリチュアルな部分。

《ディヴィニティー（神聖なる存在）》

すべての存在の源。届いた記憶をホ・オポノポノのプロセスによってゼロへと変革させる。インスピレーションを流している部分。

私達が体験する問題は、自分の内なる子供であるウニヒピリの部分に無数の記憶が溜め込まれ、それが行き場を失い繰り返し再生されることが原因で起こります。その記憶を消去することをクリーニングと呼んでいます。

わたしたちは、日々問題が起きるときはもちろんですが、できるだけどんなときも、クリーニングを選択することで、ウニヒピリに溜め込まれたあらゆる記憶を手放し、本来のインスピレーションに満ちた豊かで自由な自分を生きることが可能になります。

基本的なクリーニングの方法は、『**4つの言葉**』です。

「**ありがとう、ごめんなさい、許してください、愛しています**」。これをこころの中で繰り返すこと、または「**愛しています**」を唱えることで、知らず知らずのうちに溜め込まれた記憶を消去していくことができます。

または、『**HAの呼吸**』というホ・オポノポノの呼吸法を実践することもクリーニングになります。やり方は簡単です。

この呼吸をすることで、常に記憶まみれで苦しんでいるウニヒピリにも聖なる呼吸が届き、よりクリーニングがスムーズになります。疲れやストレスを感じるとき、アイディアがなかなか浮かばないときなどに実践することがおすすめです。

他にもホ・オポノポノでは、たくさんのクリーニングの方法をご紹介しています。詳しくは他の書籍やSITHが主催しているクラスや講演会などで学ぶことができます。でも何よりも大切なことは、とにかく実践すること。本書でご紹介した基本的なクリーニング方法は、故モーナ女史が誰でも自由にホ・オポノポノを実践できるように築き上げたものです。あまりにもシンプルなので、ときに「ほんとうにクリーニングされているの？」と疑問に思ってしまうこともあるかもしれません。でも、そんなとき、そんな疑問や不安でさえもが記憶ですから、とにかく気づいたときに「愛しています、愛しています、愛しています……」とホ・オポノポノを実践してみましょう。

ヒューレン博士は「ナイキ」のスローガンを使って、クリーニングで立ち止まってしまうわたしたちの背中を、こう言って押してくれます。「JUST DO IT. ただ、やるべし」。

さあ！　まずはただただホ・オポノポノを始めてみましょう！　もともとそうであったはずの豊かで自由な自分に出会う旅の始まりです！

『HAの呼吸』ホ・オポノポノの呼吸法

基本の姿勢

背中は先祖を
表します
ひざの上に
手をのせます
足裏を地面や床につけることで、
大地のクリーニングをします

手の組み方

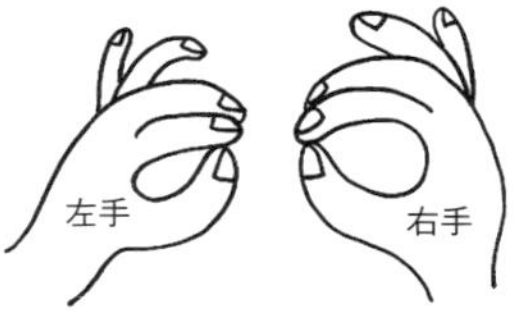

① 両手の人差し指と中指をそろえ、それぞれの指先を親指につけて輪をつくる

② 輪と輪を交差させる

呼吸の方法

① 7秒かけて鼻から息を吸う

② 7秒間息を止める

③ 7秒かけて鼻から吐く

④ 7秒間息を止める

＊①〜④を1ラウンドとして、これを7ラウンド繰り返します

速い7秒、ゆっくりの7秒、どちらでもそのときの自分に合ったカウントでOK!

＊慣れてきたらベッドに横になりながら、立った状態、手を組まなくても、またはイメージするだけでも実践できるクリーニングです。病院での待ち時間や面接の前などに実践するのもおすすめです。

おわりに

ヒューレン博士からのメッセージ

あなたがホ・オポノポノを通して、ほんとうの自分を生きはじめると、そうでない自分に気づくようになり、苦しさを今まで以上に感じるかもしれない。ほんとうの意味で人のせいにしなくなったとき、もしかしたら、友人を失ったと感じるかもしれません。でも、恐れないでください。

あなたの内側で、もういちど内なる子供が愛を取り戻したとき、もうそこには真実しか現れてこなくなります。あなたにとってふさわしい存在が向こうから現れてくるようになります。あなたが全く期待しない方向からやってくることだってあるでしょう。それはディヴィニティーの手によって施された自然の法則とリズムがあなたに戻ってきている証拠なのです。

本書を読んでくださり、ありがとうございます。
あなたと、あなたのご家族、ご親戚、ご先祖が、理解を超えるほど平和でありますように。

平和はわたしから始まる

イハレアカラ・ヒューレン

KRからのメッセージ

この本の元となる旅と、そして本が出来上がるまでをクリーニングする中で、インスピレーションからクリーニングツールが生まれました。それは『ペパーミントスティック』です。鉛筆のような形をしたペパーミントのスティックなのですが、イメージしにくければ、日々問題や状況、考えが浮かび上がるときにただ「ペパーミントスティック」と、唱えます。自分自身に向けてまずは使ってみましょう。これは、問題の原因となる記憶の塊を和らげ、優しく簡単にほぐし、クリーニングのプロセスへと運び、あなたの人生により明確さを導き出してくれるツールです。他にもクリーニングの方法はたくさんありますが、もしも気に入ったら、ぜひ使ってみてください。

「ペパーミントスティック！」

この旅に参加することができて、とても光栄です。あらゆる存在がそれぞれのボートに乗って人生を渡っている中で、こんなふうにみなさんとクリーニングを通して関われること以上に豊かで美しいことはありません。

ありがとうございます。

いつも平和を！

ＫＲ

この旅を終えて　平良アイリーン

この本を形にしてくださったすべての方にお礼申し上げます。ヒューレン博士やＫＲさん、そして、ハワイの旅で出会ったみなさん、いま世界中でセルフ・アイデンティティー・スルー・ホ・オポノポノの講師として活躍されているメリー・コーラーさん、ネロ・チェッコンさん、そして、この瞬間もクリーニングを実践している読者の皆様がいなければ、この旅も本も実現しませんでした。心から感謝します。

この旅のまるでお守りのような存在として一緒に旅してくださったアーティストの潮千穂さん、素晴らしい写真を撮ってくださっただけではなく、ハワイと日々愛を育んでいる千穂さんとともにクリーニングした日々は宝物のようです。

暗い夜にたった一人どうしても自分と向き合わなくてはいけないとき、吉本ばななさんの作品にこころをなでられるようにして光を探しだす体験をしてきた人は世界中にたくさんいると思いますが、わたしもその一人です。こうして自分がいま実践しているホ・オポノポノをばななさんの言葉によって新たに現実的に実践できるチャンスをいただきました。潮千穂さんもばななさんにご紹介いただきました。あらゆることに感謝しています。

この旅は、実は二〇一三年のことでした。すぐに原稿をまとめようとしましたが、技術が足りないうえ、日々湧き起こる自分の様々な問題のために、なかなか書き進めることができませんでした。進まない原稿を持って、ＫＲさんやジーンさん、博士にお会いする度に遅くなって申し訳ないと謝ると、必ず言われることがありました。

「期待をクリーニングしてください。ディヴィニティーはあなたの召し使いではありません。計画書を持っているのはあなたではなくディヴィニティーです。あなたが今すぐできることはクリーニングです。期待で流れを止めないで。あなたは日々のことをクリーニングすることで、ただオープンでいてください」

それからは、わたしが旅のインタビューの言葉たちをまとめるのではなく、言葉たちがわたしの日々のクリーニングを助けてくれるようになりました。この本に書いた、みなさんの真実の言葉たちが、日頃記憶まみれで立ち止まってしまうわたしをまたオープンにさせてくれる最高のツールとなりました。そこからは、旅で感じた風や人々の笑顔、空気や花の甘い香りまでもが実はずっとわたしの一部で流れ続けていたことにさえ気づく素晴らしい体験となりました。

長い間、原稿が出来上がらず、忍耐強くそして的確なアドバイスでサポートしてくださった講談社のみなさん、セリーン株式会社のみんな、ほんとうにありがとうございます。このあとがきを書いている今この瞬間でさえ、わたしの人生は百パーセントインスピレーション！　ということでは決してありません。母との口喧嘩や友達に心を開けないこと、まだ慣れない結婚生活（無事に結婚しました！）、日本にいる家族への心配など、問題はいつでもあります。でも、ホ・オポノポノという最強のメソッドを知り、いつゾンビが飛び出してくるかもしれない過酷な日々を映写することを手放し、一瞬一瞬あらわれる様々な感情さえも、豊かに自由にわたしの人生を色付かせ、実らせていくような、かなり愛すべきものに変化しています。

最後まで読んでいただき、ありがとうございます。

アロハ！

ＰＯＩ　平良アイリーン

平良アイリーン

たいら・あいりーん

1983年、東京都生まれ。明治学院大学文学部卒業。2007年にホ・オポノポノと出会って以来、生活のあらゆる場面で実践中。現在はSITHホ・オポノポノアジア事務局スタッフとして、日本を始めアジア各国の講演会の際に講師に同伴し活動している。また、ヒューレン博士やKR女史のそばで学んだ自身の体験をシェアする講演活動を関東、関西を中心に行っている。翻訳書に『ホ・オポノポノ ライフ ほんとうの自分を取り戻し、豊かに生きる』(講談社)、共著に『ウニヒピリ』『アロハ! ヒューレン博士とホ・オポノポノの言葉』(共にサンマーク出版)がある。

[SITHホ・オポノポノに関するお問い合わせ]

●ホームページ:http://hooponopono-asia.org/

●フェイスブック:
https://www.facebook.com/sithhooponopono.japan

●メール:info@hooponopono-asia.org

●電話番号:03-5413-4222

イハレアカラ・ヒューレン

発展的な精神医学の研究家であり、トレーナー。触法精神障害者および発達障害者とその家族とのワークでも知られる。国連、ユネスコをはじめ、世界平和協議会、ハワイ教育者協会などさまざまな学会グループと共に何年にもわたりホ・オポノポノを講演し、普及活動を行う。SITHホ・オポノポノマスタートレーナー。

KR

カマイリ・ラファエロヴィッチ

「SITHホ・オポノポノ」の創始者、故モーナ女史の一番弟子。ハワイ・オアフ島の山の中で犬2匹と暮らしている。MBA(経営学マスター)やMAT(マッサージセラピストライセンス)の資格を取得。ハワイでは不動産業を営み、さらに、ホ・オポノポノを使った個人や経営者、土地のコンサルタント、ボディーワーク、日本においてはホ・オポノポノの講演活動を全国で行っている。著書に『ホ・オポノポノ ライフ ほんとうの自分を取り戻し、豊かに生きる』(講談社)がある。

クリーニングツール解説

P41

ブルーソーラーウォーター

ホ・オポノポノの代表的なクリーニングツールの一つ。ブルーのガラス瓶（金属製のキャップ以外）の中に水道水を注ぎ、それを太陽光におよそ15〜30分以上当てて作ることができます。それを普段飲んだり、お料理に使ったり、お部屋や自分自身にスプレーするなど、使い方は自由。

P124

アイスブルー

「アイスブルー」とは氷河色のブルーです。イメージしてもしなくても、「アイスブルー」と心の中で唱えることで、記憶に縛られた思考が洗われていきます。また「アイスブルー」と言ってから植物を触ることで、植物とコミュニケーションがとりやすくなります。

ホ・オポノポノ
ジャーニー
ほんとうの自分《じぶん》を生《い》きる旅《たび》

2015年7月9日　第1刷発行

著　者　平良《たいら》アイリーン
監　修　イハレアカラ・ヒューレン
　　　　KR（カマイリ・ラファエロヴィッチ）
発行者　鈴木 哲
発行所　株式会社講談社
　　　　〒112-8001 東京都文京区音羽2-12-21
　　　　電話　出版　03-5395-3522
　　　　　　　販売　03-5395-4415
　　　　　　　業務　03-5395-3615

ブックデザイン　albireo
写　真　潮 千穂（ハワイ）、和多田アヤ（対談）
印刷所　慶昌堂印刷株式会社
製本所　株式会社国宝社

ISBN 978-4-06-219573-7 N.D.C.914.6 368p 18cm

ラヴァ（溶岩）でできた道にてひとやすみ。「ラヴァの原子や分子にだって記憶がある。ここにこうしてわたしを共に生かしてくれることに、ただただ感謝があります」とKRさん。

救出しに来てくれたKRさんの孫たち。「何度か乗ったら、すぐに慣れるよ!」と明るく励まし続けてくれた。実際に横転したATVは、これらよりも少し大きめのサイズのものだった。

様々な生態系で成り立つホオマウ牧場。毎回土地に足を踏み入れる度に、自分たちが必要以上のことをしようとしてはいないか、どんなケアを必要としているのか、クリーニングを通して、できるだけ土地のメッセージを聞くようにしている。現在調査団などが、絶滅寸前の植物をこの牧場内で発見し、調査をすすめている。

著者、ビッグアイランド最終日。

「わたし」は「わたし」
OWAU NO KA "I"

「わたし」は　無より出でて　光にいたる
Pua mai au mai ka po iloko o ka malamalama,

「わたし」は　息吹　いのちを育む
Owau no ka ha, ka mauli ola,

「わたし」は　空《くう》　意識はるか超えた先の　空洞
Owau no ka poho, ke ka'ele mawaho a'e o no ike apau.

「わたし」、イド、すべての存在
Ka I, ke Kino Iho, na Mea Apau.

「わたし」は　水と水つなぐ　虹の弓を引く
Ka a'e au i ku'u pi'o o na anuenue mawaho a'e o na kai a pau,

はてしなく続く　こころとできごと
Ka ho'omaumau o na mana'o ame na mea a pau.

「わたし」は　めぐり入りて　出ずる　息吹
Owau no ka "Ho", a me ka "Ha"

見えず　さわれぬ　そよ風
He huna ka makani nahenahe,

ことば　かなわぬ　創始の原子
Ka "Hua" huna o Kumulipo.

「わたし」は「わたし」
Owau no ka "I".

「わたし」の平和
KA MALUHIA O KA "I"

あなたに平和を
「わたし」のすべての平和を
O ka Maluhia no me oe,
Ku'u Maluhia a pau loa,

平和　それは「わたし」
平和それは　ありのままの「わたし」
Ka Maluhia o ka "I",
owau no ka Maluhia,

いつもいつでも平和を
今もこれからも　はてしなく
Ka Maluhia no na wa a pau,
no ke'ia wa a mau a mau loa aku.

あなたに　平和をわたします
「わたし」の平和を託します
Ha'awi aku wau I ku'u Maluhia ia oe,
waiho aku wau I ku'u Maluhia me oe,

それは世界平和　いいえ　「わたし」だけの平和
A'ole ka Maluhia o ke ao aka,
ka'u Maluhia wale no,

「わたし」の　平和
Ka Maluhia o ka "I".

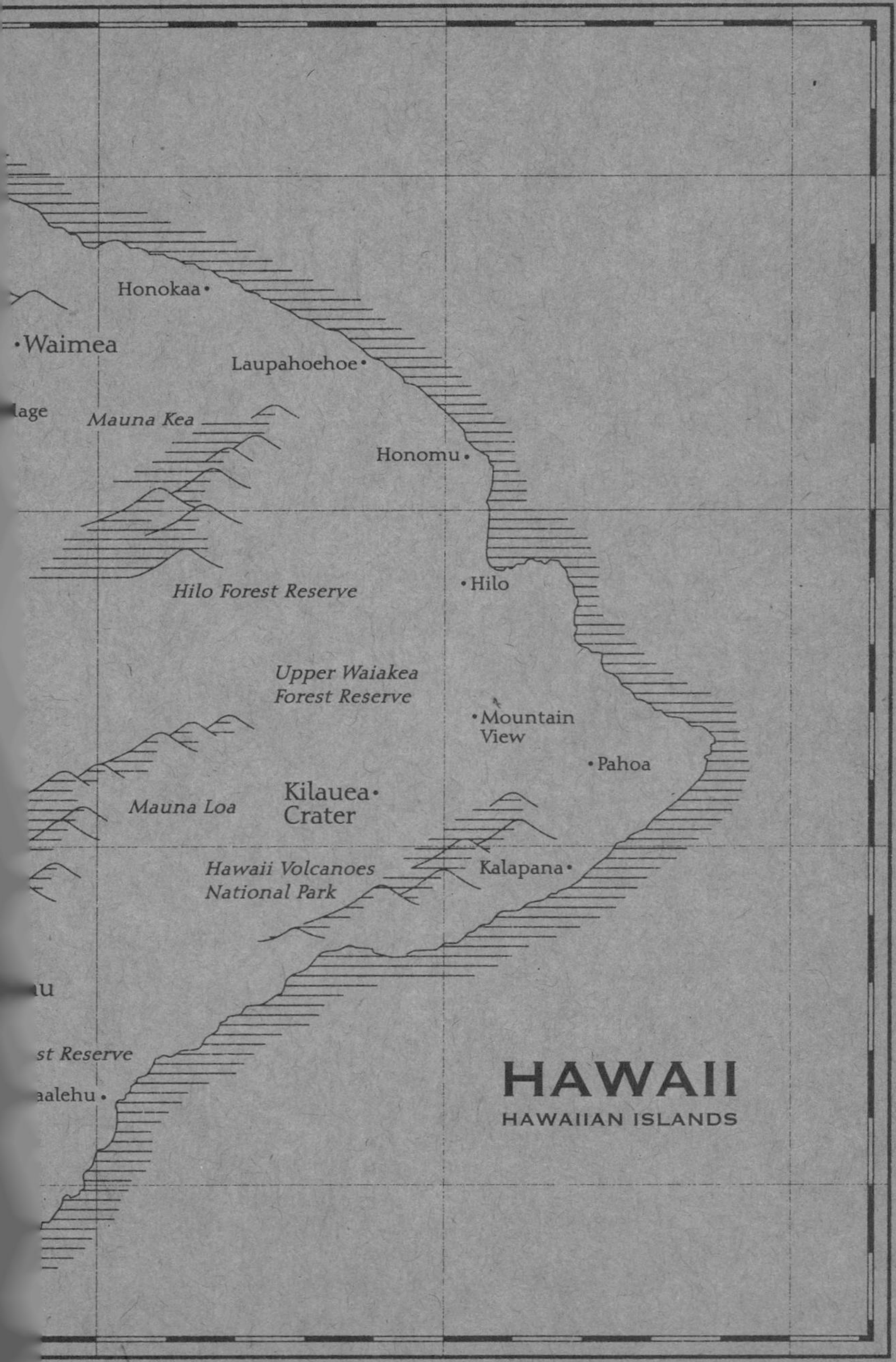
Honokaa
Waimea
Laupahoehoe
age
Mauna Kea
Honomu
Hilo Forest Reserve
Hilo
Upper Waiakea
Forest Reserve
Mountain
View
Pahoa
Kilauea
Crater
Mauna Loa
Hawaii Volcanoes
National Park
Kalapana
u
st Reserve
aalehu
HAWAII
HAWAIIAN ISLANDS